ARKANA

Buch

Seit das Matriarchat mit seinen auf weibliche Gottheiten und Werte ausgerichteten Gesellschaften vom Patriarchat abgelöst wurde, herrschen die männlichen Charakteristika Wettbewerb, Unduldsamkeit und Ehrgeiz in unserer Welt. In Kriegen, Gewalt und Umweltzerstörung zeigt sich die aus der Balance geratene Polarität und die Dominanz des Männlichen, während dessen positive Kräfte - Mut, Entschlossenheit und intellektuelle Neugier - oft in den Hintergrund geraten. Die Frauenbewegung ist angetreten, um das erkannte Ungleichgewicht zu korrigieren; doch wenn sich männliche und weibliche Werte als Feinde gegenüberstehen, besteht die Gefahr, dass die weibliche Seite genau die Destruktivität der bekämpften Männerwelt übernimmt.

Dieses Buch bringt nicht eine weitere Kritik männlicher Gewalt und Dominanzansprüche. Es ist vielmehr Würdigung und Bekräftigung der weiblichen Werte - für Frauen gleichermaßen wie für Männer. Es macht klar, wie dringend nötig wir weibliches Bewusstsein haben, um unsere Welt zu Gleichgewicht und Harmonie zu führen.

Autor

Osho (Bhagwan Shree Raijneesh) wurde 1931 in Indien geboren. Im Alter von 21 Jahren erlebte er eine Erleuchtung. Bevor er als spiritueller Lehrer hervortrat, unterrichtete er Philosophie an der Universität von Jabalpur, Indien. Seit den 60er Jahren lehrte er spezielle Meditationstechniken. Er erhielt vor allem von westlichen Suchern großen Zulauf und gründete 1974 einen Ashram in Pune (Poona). Ab 1981 lebte und lehrte er in Oregon, USA. 1987 kehrte er nach Indien zurück. Osho starb 1990 in Pune.

Bei Goldmann ist von Osho bereits erschienen:

Mann und Frau (13280)
Meditation (21521)
Tantra (21520)
Emotionen (21560)

OSHO

Weibliches Bewusstsein Weibliche Erfahrung

Aus dem Englischen
von Rajmani Müller

ARKANA
GOLDMANN

Zusammengestellt aus Textausschnitten verschiedener Werke von Osho
Veröffentlicht mit Genehmigung der Osho International Foundation
Bahnhofstr. 52, 8001 Zürich, Schweiz

Umwelthinweis:
Alle bedruckten Materialien
dieses Taschenbuches sind chlorfrei
und umweltschonend.

Originalausgabe April 2001

Umschlaggestaltung: Design Team München
Umschlagabbildung (Collage): Premium/U. Fukushima; Zefa/Masterfile
Porträt von Osho auf der Rückseite: Osho International Foundation
Foto auf Seite 178: Osho International Foundation
Fotos auf allen anderen Textseiten: Ateet und Shivananda
Satzgestaltung: Ateet FranklDesign
Druck: Presse-Druck Augsburg
Verlagsnummer: 21562
Redaktion: Irina Mamula
WL · Herstellung: Stefan Hansen
Made in Germany
ISBN 3-442-21562-5
www. goldmann-verlag.de

1. Auflage

INHALT

EINLEITUNG

Die erste Schwierigkeit, mit der ich mich konfrontiert sah, als ich das Material zu diesem Buch über weibliches Bewusstsein zusammenstellte, macht ein kurzes Zitat von Osho über Bewusstsein deutlich. Er sagt, dass das Bewusstsein, von dem er rede, keinem bestimmten Geschlecht zugehörig sei: *»Bewusstsein ist weder männlich noch weiblich, denn es gehört nicht zum Körper, es schwebt über dem Körper.«* Und so redet Osho hier zwar über Eigenschaften, die er als »weiblich« bezeichnet, aber eigentlich ist Thema und Schwerpunkt dieses kleinen Büchleins das Bewusstsein.

Der Leser sollte hier nicht eines von jenen Büchern erwarten, die von der Jahrtausende alten Beziehung zwischen Mann und Frau handeln oder dieses Thema auch nur berühren. Was Osho betrifft, so hat er mehr als deutlich zu verstehen gegeben, dass es ihm nicht um unsere privaten Beziehungen geht. Diese ausschließlich von uns selbst fabrizierten Alpträume lässt er einfach links liegen. In diesem Buch finden die Leser keine Trostpflästerchen. Trost liefern den Menschen seit Jahrhunderten ständig Religion und Gesellschaft – wie Osho es ausdrückt:

»Sie haben alle ständig mit Erklärungen aufgewartet, nur damit ja nichts verändert werden muss. Ihr sollt gar nicht an Bewusstsein und Wachheit wachsen! Sie geben euch lediglich homöopathische Zuckerpillen – den Trost etwa, schuld an allem seien nur eure früheren Leben und die darin verübten bösen Taten, die sich auf euer jetziges Leben auswirken, es überschatten und für das Leid verantwortlich sind. Ihr könnt gar nichts anderes tun, sagen sie, als es zu

akzeptieren und euch in Geduld zu fassen, denn Gott ist barmherzig und wird euch letztendlich vergeben. – Das ist wie Opium und hält euch in einem Dämmerschlaf. Die Menschen haben sich für solche Tröstungen entschieden, weil es ihnen half, die Mühen zu umgehen, die eine Veränderung des Bewusstseins, des Verstehens und der Einstellung mit sich bringt. Dann braucht man nichts zu verändern, denn man kann ohnehin nichts tun! Man braucht sich nur zu entspannen und seine Situation als Schicksal zu akzeptieren – denn wenn man nichts verändern kann, ist Akzeptieren die einzige Möglichkeit. Akzeptieren bringt einen gewissen Frieden – einen toten Frieden, der bloß eure Verzweiflung, eure Seelenqual, euer Leid überdeckt. Aber ihr wisst, dass ihr es nicht in der Hand habt – alles liegt in Gottes Hand ... Ihr seid nur Marionetten. Wenn er die Fäden zieht, tanzt ihr; er kann alles mit euch machen. So könnt ihr weiter dahindämmern. Es enthebt euch aller Verantwortung. Ihr könnt ohnehin nichts tun – darum seid ihr auch nicht verantwortlich für das, was geschieht. Nicht ihr selbst verursacht all das Leiden für euch selbst und für jene, mit denen ihr in Beziehungen lebt. Und so könnt ihr euer ganzes Leben lang immer wieder den gleichen Teufelskreis wiederholen. Mit der Zeit gewöhnt ihr euch daran. Ihr werdet dagegen immun, denn ihr wisst: So ist das Leben eben! Und weil das so ist, hat bis heute die Revolution der menschlichen Beziehungen noch nicht stattgefunden.«

Dieses Buch ist eine Einführung in die Transformation der Lebensqualität. Es führt uns zu einem Verständnis dessen, was Bewusstsein bedeutet und welche Eigenschaften mit zunehmender Bewusstheit in uns zur Entfaltung kommen.

Das erbe der männlichen Vorherrschaft

Die Welt leidet allzu sehr unter Konflikten, und schuld daran ist die Dominanz der männlichen Energie. Es fehlt das Gleichgewicht. Ich sage nicht, dass männliche Energie nicht nötig wäre. Sie ist nötig, aber im rechten Verhältnis.

So wie es jetzt ist, beherrscht die männliche Energie neunundneunzig Prozent der Szene, und die weibliche existiert nur ganz am Rande. Das Weibliche ist nicht der Hauptstrom des Lebens – darum gibt es Unfrieden und Streit, Kampf und Krieg. Die männliche Energie hat die Menschheit an den Rand des totalen Selbstmordes gebracht. Er kann sich jederzeit ereignen – es sei denn, die weibliche Energie wird befreit und schafft ein Gleichgewicht.

Darin besteht unsere einzige Hoffnung.

Der männliche Verstand hat die Wissenschaft hervorgebracht. Die Wissenschaft ist aggressiv, sie ist geradezu eine Vergewaltigung der Natur. Sie ist das gewaltsame Bestreben, der Natur ihre Geheimnisse abzuringen, ohne Gnade, ohne Ehrfurcht und Hingabe. Es ist ein Kampf. Darum spricht man auch von der »Eroberung der Natur«, dem »Bezwingen der Natur«, aber das ist absurd! Wie könntet ihr die Natur bezwingen? Ihr seid ein Teil von ihr. Wie könnte meine Hand mich selbst bezwingen? Die Hand ist ein Teil von mir. Wie könnte ein Blatt den Baum bezwingen? Wie dumm das ist, einfach dumm!

Aber auf dieser Dummheit baut unsere ganze Kultur auf. Sie trachtet alles zu erobern und zu bezwingen. Diese Welt wird vom Mann beherrscht – und wenn ich sage, vom Mann beherrscht, dann meine ich damit, vom männlich-aggressiven Verstand.

Auch eine Frau kann männlich sein, wenn sie einen aggressiven Verstand hat. Und ein Mann kann weiblich sein, wenn er einen weiblich-rezeptiven Verstand hat.

Die kleinen Mörder sperrt man ins Gefängnis, verurteilt sie zum Tode, und die großen Mörder werden zu euren Helden. Das ist die Folge dessen, dass die Frau absolut daran gehindert wurde, ihren Beitrag zum Leben zu leisten – sonst hätte es niemals so viele Kriege gegeben. Keine Frau ist am Krieg interessiert; es widerstrebt einfach ihrer weiblichen Natur.

Sie ist an der Liebe interessiert, an einem schönen Haus, einem schönen Garten rundherum. Sie ist an kleinen Dingen interessiert, aber diese kleinen Dinge machen das Leben lebenswert. Sie ist nicht daran interessiert, Nuklearwaffen und Atomraketen zu produzieren. Sie kann nicht verstehen, was der Mann da ständig tut. Ist er irrsinnig – oder was?

Die männliche Energie kann höchstens vom Frieden reden, aber sie macht nichts anderes, als für den Krieg zu rüsten. Sie behauptet immer, wir müssten kämpfen, um den Frieden zu bewahren.

Seht nur, wie absurd das ist! Wir müssen in den Krieg ziehen, sonst wird es auf der Welt keinen Frieden geben. Damit es Frieden gibt, müssen wir Krieg führen. So ziehen wir seit ewigen Zeiten ständig in den Krieg, aber der Friede hat sich immer noch nicht eingestellt.

In dreitausend Jahren haben die Männer fünftausend Kriege geführt. Es vergeht kein Tag, an dem nicht irgendwo Krieg ist – mal in Vietnam, mal in Israel, mal in Kaschmir oder irgendwo anders, aber der Krieg geht immer weiter. Und es geht nicht bloß um eine Veränderung der politischen Ideologien auf dieser Welt.

Das würde überhaupt nichts ändern, denn alle Ideologien sind männlich.

Wir müssen die ganze Alchemie des Menschen verändern. Wir müssen den Menschen innerlich völlig ummodeln. Die radikalste Revolution des Menschen wird kommen, wenn das Herz über die Werte entscheidet. Das Herz kann sich nicht für den Krieg entscheiden, kann sich nicht für Kernwaffen entscheiden, kann nicht todesorientiert sein.

Das Herz ist das Elixier des Lebens. Wenn der Kopf im Dienste des Herzens steht, muss er tun, was das Herz befiehlt. Der Kopf ist äußerst kompetent, er kann alles machen. Er braucht nur die richtige Führung, sonst spielt er verrückt und dreht durch. Für den Kopf gibt es keine Werte.

Für den Kopf ist nichts von Bedeutung. Für den Kopf gibt es keine Liebe, keine Schönheit, keine Gnade - nur die Ratio.

Sämtliche Religionen wurden von Männern ins Leben gerufen, und sämtliche Religionen haben die Frauen verurteilt. Im Dschainismus, einer der ältesten Religionen Indiens, wird behauptet, mit einem weiblichen Körper könne man niemals die Befreiung erlangen. Keine Frau könne je erleuchtet werden. Wer einen weiblichen Körper besitzt, könne nicht zur Bewusstheit gelangen. Seltsam – dieselben Leute predigen ständig die Trennung von Körper und Seele. Sie lehren, dass die Seele weder männlich noch weiblich sei. Wachstum findet in der Seele statt, und die Befreiung wird in der Seele, nicht im Körper erlangt. Wieso sollte dann den Frauen das Paradies verwehrt sein?

Aber nein, die Frauen werden auf jede erdenkliche Weise abgewertet. Zuerst muss die Frau sich einer religiösen Disziplin unterziehen, um vielleicht im nächsten Leben in einem männlichen Körper wiedergeboren zu werden. Alles was sie jetzt tun kann, ist beten, meditieren, fasten, damit sie im nächsten Leben im Körper eines Mannes zur Welt kommt. Erst dann besteht für die Frau eine Aussicht. Mit einem weiblichen Körper hat sie keine Chance.

Spiritualität war bisher eine Domäne der Männer – und nicht nur eine Domäne der Männer, sondern der chauvinistischen Männer. Und es hatte Gründe, weshalb alle spirituellen Traditionen so frauenfeindlich eingestellt waren. Sie waren frauenfeindlich, weil sie lebensfeindlich waren, und die beste Methode, Leben zu verhindern, besteht darin, Männer und Frauen zu trennen. Die Religionen waren gegen alle Freude, alle Liebe, alles Lebendige. Das Einfachste war, die Frau zu verurteilen und sie, wo es nur ging, vom Mann fernzuhalten, vor allem in den Klöstern.

Frauen waren Menschen zweiter Klasse, dem Mann nicht ebenbürtig. Natürlich hat das viel Schaden angerichtet. Es nahm die ganze Verspieltheit weg, den Sinn für Humor und jeglichen Spaß, und es erzeugte für Männer und Frauen eine sehr triste Lebenssituation.

Mann und Frau sind Teile eines Ganzen und wenn man sie auseinander reißt, werden beide ständig etwas vermissen. Dieses Manko lässt sich durch nichts ausgleichen. Dieses Manko macht die Menschen ernst – krankhaft ernst und pervertiert, es bringt sie psychisch aus dem Gleichgewicht. Es stört die natürliche Harmonie, stört das biologische Gleichgewicht. Das ist eine solche Katastrophe, dass die Menschheit seit vielen Jahrhunderten darunter leidet.

Die halbe Menschheit verhungert, aber die Politiker – alles Männer – und die Generäle – alles Männer – stapeln immer mehr Nuklearwaffen. Dabei haben sie schon mehr als genug davon!

Siebenhundertmal mehr, als nötig wäre, um die ganze Welt zu zerstören, alles Leben auf dieser Erde – Bäume, Vögel, Tiere, Menschen, alles was lebt ... Wir haben schon siebenhundertmal mehr Material, als nötig wäre, um alles zu vernichten. Und trotzdem stapeln diese Männer immer mehr davon an. Findet ihr das normal und gesund – während die halbe Menschheit verhungert?

Das kann nur passieren, weil der Mann allein über die Geschicke dieser Welt bestimmt. Und ihm fehlt das Mitgefühl der Frau, er besitzt nur die Härte des Mannes. Er kann nicht zulassen, dass das Weltgeschehen von weiblicher Sanftmut beeinflusst wird.

Wir brauchen eine Balance im Leben, damit Mann und Frau gleichermaßen mitbestimmen können. Dann wird das Leben friedlicher, liebenswerter, fröhlicher sein. Es wird zu einem Freudenfest. Und wenn wir das Leben feiern, habe ich die Hoffnung, dass wir über die gewöhnlichen, weltlichen Freuden hinaus zur kosmischen Glückseligkeit gelangen können – zu Wahrheit, Bewusstheit, Ekstase.

Geschichte wird von Männern gemacht. Keine Frau hat Geschichte geschrieben. Die Geschichte orientiert sich an den Männern. Sie wird von den Männern beherrscht, von den Männern gemanagt. Diese Geschichte ist falsch.

Der Mann hat versucht, die Frau so zu konditionieren, dass er sie leicht ausbeuten kann. Und sie kann nicht einmal dagegen rebellieren. Einen Sklaven muss man hypnotisieren, damit er nicht rebellieren kann.

Der Mann hat die Psyche der Frau so konditioniert, dass sie in der Art und Weise denkt, wie es ihm genehm ist.

Die Männer haben den Frauen eingeredet, dass sie schwach sind, was medizinisch überhaupt nicht stimmt. Frauen leben länger als Männer, etwa fünf Jahre länger. Frauen sind weniger krank als Männer. Nur halb so viele Frauen wie Männer werden verrückt. Nur halb so viele Frauen wie Männer begehen Selbstmord. Trotzdem, die Frau ist schwach, und man muss sie von allen Seiten kurz halten, damit sie nur ja nicht groß werden kann! Die Gesellschaft besteht aber zur Hälfte aus Frauen, und sie bringen eure Kinder zur Welt.

Was ihr mit den Frauen macht, macht ihr auch mit euren Kindern. Die Frauen ziehen eure Kinder groß, und die Kinder lernen von ihnen und machen es ihnen nach. Darum heißt auch jede Sprache »Muttersprache«. Nicht einmal die Deutschen haben es gewagt, ihre Sprache »Vatersprache« zu nennen.

Frauen stellen immer wieder diese Frage: Warum sie keine solchen spirituellen Größen vorzuweisen hätten wie Gautama Buddha, Jesus, Zarathustra, Laotse. Der Mann hat den Frauen nicht einmal eine Schulbildung zugestanden, er hat den Frauen keine finanzielle Unabhängigkeit zugestanden, hat ihnen keine Bewegungsfreiheit in der Gesellschaft zugestanden. Sie durften höchstens in die Kirche gehen, und der einzige Mann, an den sie herankamen, war der Priester.

Wie kann eine Frau unter solchen Bedingungen zu einem Gautama Buddha werden? Buddhas wachsen nicht auf Bäumen oder fallen plötzlich vom Himmel. Sie müssen in der Erde verwurzelt sein und brauchen die richtige Nahrung, um zu wachsen.

Die Frau ist, vor allem in der Vergangenheit, ständig schwanger gehalten worden. Man hat sie wie eine Fortpflanzungsfabrik benutzt. Das war eine biologische Notwendigkeit, weil neun von zehn Kindern starben und nur eines überlebte. Wer also ein paar Kinder nötig hatte, musste sehen, dass die Frau ständig schwanger war. Ihr blieb gar keine Zeit, um zu einem Gautama Buddha zu werden. Sie galt ja nicht einmal als dem Mann ebenbürtig.

Der Mann war es, der all die religiösen Bücher schuf, der Mann war es, der die Kirchen schuf und all die Ideologien und Theologien. Und natürlich war Gott für ihn ein »Er«. Natürlich sagte er: »Gott schuf den Menschen nach seinem Abbild« – den Mann, nicht die Frau! Die Frau war nur eine Rippe des Mannes, eine Zugabe, ein Anhängsel, ein nachträglicher Einfall – weil der Mann sich so einsam fühlte. Er brauchte eine Frau, die ihm Behaglichkeit, Wärme und Geborgenheit schenkte.

So wurde die Frau geschaffen als Mittel für den Mann, das er ausbeuten konnte. Den Mann aber schuf Gott nach seinem Ebenbild, und die Frau war nur ein nachträglicher Einfall. Die Frau war eigentlich von Anfang an gar nicht geplant – sie kam erst hinterher. Als Gott sah, wie einsam und traurig der Mann war, da erschuf er die Frau zu seinem Gebrauch, zur Ausbeutung, als Mittel zum Zweck.

Der Mann hat diese ganzen hässlichen Ideen in die Welt gesetzt. Und bis heute beherrscht der Mann die Welt. Deshalb nennt er Gott »er« – ansonsten wäre »sie« viel besser, denn (das englische Wort) »she« enthält »he«, aber »he« enthält nicht »she«. »Sie« wäre viel zutreffender. Doch die Wissenden verwenden weder »er« noch »sie« – sie verwenden »es«, und das ist am besten.

Für den Osten ist Gott weder »er« noch »sie« – er ist *Ardhanarishwar,* halb Mann, halb Frau. Darum nennen die indischen Schriften ihn »es« – das enthält beides und geht gleichzeitig über beides hinaus.

Auch ich nenne Gott »er«, aber vergesst nicht, ich verwende nur das gängige Wort. Ich könnte auch »sie« sagen, aber dann gäbe es immer ein bisschen Ärger. Oder ich könnte jedes Mal »er und sie« sagen, aber das sieht gar so hässlich aus. Also nenne ich ihn weiter »er«, weil ich die Sprache gebrauchen muss, die da ist.

Aber vergesst nicht: Vor diesen ganzen männlich-chauvinistischen Ideologien habe ich keinen Respekt.

Nicht die Männer gehen in die Kirchen und Tempel und an andere heilige Plätze. Es sind die Frauen, die hingehen, weil das die einzigen Orte sind, wo sie miteinander klatschen können.

Sie haben keine Clubs, ja, sie können oft nicht einmal ins Restaurant oder in die Kneipe gehen. Sie können sich nicht frei in der Gesellschaft bewegen; es bleibt ihnen nur die Kirche. Sie gehen hin, weil ihnen nichts anderes übrig bleibt – weil es der einzige Ort ist, wo sie ihren Schmuck herzeigen können, ihre schönen Kleider, ihre Pelzmäntel. Und wo sie den ganzen Klatsch loswerden können, der ihnen auf dem Herzen liegt. Sie gehen nicht wegen Jesus Christus, da könnt ihr sicher sein!

Und auch ein paar Ehemänner gehen hin – aber nicht wegen Jesus Christus, sondern weil sie ihre Frauen im Auge behalten wollen – oder die Frau des Nachbarn!

Ein religiöser Mensch sollte voll Lebensfreude sein, voll Humor, Lachen und Liebe. Das ist mit Sicherheit eine der wichtigsten Sachen, die ich beitrage.

Alle Traditionen und alle Religionen werden dagegen sein, die ganze Welt wird dagegen sein, denn damit beweisen wir ja, dass sie alle seit zehntausend Jahren im Unrecht sind – und das verletzt ihr Ego.

Sie würden uns lieber aus dem Weg räumen, als der Tatsache ins Auge zu sehen, dass Spiritualität auch voll Lachen, voll Sinn für Humor, voll Verspieltheit sein kann – wenn es keine Angst, keine Probleme, keine Verzweiflung mehr gibt und die Menschen sich entspannen und in tiefer Hingabe an die Existenz leben.

Die weibliche Energie muss freigesetzt werden, dann kann ein Gleichgewicht entstehen. Man hat das Mondelement zu sehr vernachlässigt und das Sonnenelement zu sehr betont.

Die Mondenergie muss wieder zum Leben erweckt werden. Und zur Mondenergie gehört nicht nur das Weibliche, sondern auch alle Poesie, Ästhetik, Liebe – alles, was zum Herzen gehört, hat mit dem Mondelement zu tun.

Alles Intuitive wird vom Mond genährt.*

* *Im Englischen, wie in vielen anderen Sprachen, ist die Sonne ein Symbol für das Männliche und der Mond ein Symbol für das Weibliche.*

Anerkennung des Weiblichen

Es ist wahr, alle großen menschlichen Qualitäten sind weiblich – Liebe, Mitgefühl, Sympathie, Güte. Alle diese Eigenschaften haben eine Qualität des Weiblichen. Es gibt auch männliche Qualitäten – die Eigenschaften eines Kriegers, sein Mut. Das sind Eigenschaften, die Härte verlangen; man muss wie Stahl sein. Denn die Qualitäten des Mannes haben sich im Krieg entwickelt und die Qualitäten der Frau in ihrem Heim, im Garten der Liebe, im Zusammensein mit Mann und Kind.

Die Frau lebt in einer völlig anderen Welt. Der Mann lebt sein Leben in einem ständigen Kampf. In dreitausend Jahren hat es auf dieser Erde fünftausend Kriege gegeben. Als ob Töten der einzige Beruf des Mannes sei!

Eine Qualität ist eine Qualität, und alle schönen Qualitäten sind weiblich – Liebe, Vertrauen, Mitgefühl, Dankbarkeit, Hingabe. Alle schönen Qualitäten sind weiblich.

Gewiss, ein paar Männer gab es schon ... Gautama Buddha, Jesus Christus, Krischna. Aber fällt euch eines auf? Sie sehen alle weiblich aus!

Genau das war einer der Kritikpunkte von Friedrich Nietzsche bezüglich Buddha und Jesus Christus – sie sähen so feminin aus, sie seien weibisch. Natürlich sieht Buddha feminin aus. Wenn ein Mann ins Herz rutscht, kommt das Weibliche in ihm zum Vorschein – er wird runder, weicher, verletzlicher.

Friedrich Nietzsche kann einen Gautama Buddha nicht verstehen. Nietzsche hat gesagt, das Schönste, das er je erlebt habe, das Schönste, das er je sah, waren weder die Sterne noch der Sonnenuntergang oder Sonnenaufgang, noch waren es die schönen Frauen oder die Rosen oder die Lotosblumen – nein, nichts von alledem.

Ihr könnt euch nicht vorstellen, was das Schönste war, das er je erlebte! – Es waren Soldaten, die mit blanken Säbeln vorbeiparadierten, und die Säbel blitzten im Sonnenlicht.

Das war seine schönste Erfahrung. Der Klang ihrer Stiefel war die schönste Musik, die ihm je unterkam – nicht Mozart, nicht Wagner, nein. Der Klang ihrer Stiefel! Und das vorbeimarschierende Regiment mit seinen blanken Säbeln, die in der Sonne blitzten – das war das Schönste, was er je gesehen hatte.

Natürlich kann er einen Buddha nicht verstehen.

Es war Friedrich Nietzsche, der dieses Jahrhundert prägte - und dieses (vergangene) Jahrhundert war eines der hässlichsten. Nietzsche ist der Vater zweier Weltkriege, und vielleicht lauert er irgendwo schon auf den dritten - wartet darauf, den Dritten Weltkrieg in die Welt zu setzen. Er sagt, der Krieg sei das Schönste auf der Welt, weil er das, was am größten sei im Menschen, zu Tage fördere.

Er selbst wurde verrückt, und das ist nur logisch: Ein solcher Mann muss ja verrückt werden! Und als er verrückt wurde, fing er an, seine Briefe mit »Antichrist Friedrich Nietzsche« zu unterschreiben. Nicht einmal im Wahnsinn konnte er vergessen, dass er gegen Christus war. Alles andere vergaß er.

Er erkannte nicht mehr seine Freunde, ja nicht einmal seine eigene Schwester, die sich sein ganzes Leben lang um ihn gekümmert hatte. Aber eines vergaß er nicht: dass er gegen Christus war.

Ja, es hat ein paar Buddhas gegeben. Aber wenn du sie dir näher ansiehst, wirst du sehen, dass sie eher weiblich als männlich sind. Alle großen Künstler dieser Welt entwickeln mit der Zeit eine Qualität von Weiblichkeit, Anmut, Eleganz, Zartheit. Ein Duft von Weichheit, Gelassenheit, Ruhe und Stille umgibt sie. Sie sind nicht mehr so fieberhaft.

Was ich hier lehre, ist im Grunde nichts anderes, als die ganze Welt weiblicher zu machen.

Die östliche Psyche ist feminin. Darum hat der Osten alle weiblichen Eigenschaften so sehr gepriesen: Mitgefühl, Liebe, Sympathie, Gewaltlosigkeit, Akzeptanz, Zufriedenheit - alles feminine Eigenschaften.

Im Westen werden alle maskulinen Eigenschaften gepriesen: Wille und Willenskraft, Ego, Selbstvertrauen, Unabhängigkeit, ein rebellischer Geist. Das sind die Werte, die dort gepriesen werden. Im Osten: Nachgiebigkeit, Hingabe, Akzeptieren.

Die Grundhaltung des Ostens ist weiblich und die des Westens männlich.

Das gesamte Wissen des Westens basiert auf der Logik. Der Vater dieses Wissens ist Aristoteles. Wo es Logik gibt, gibt es immer auch Analyse: das Teilen der Dinge in Bruchstücke. So ist die Methode der westlichen Wissenschaft analytisch. Auf diese Weise ist man bis zum Atom vorgedrungen - durch Teilen und immer weiteres Teilen der Materie.

Weibliches Bewusstsein ist synthetisch. Es teilt die Dinge nicht, sondern fügt sie zusammen. Es sagt: »Füge immer mehr und mehr hinzu, bis nichts mehr hinzugefügt werden kann. Was du dann in der Hand hast, ist die Wahrheit.« Deshalb gelangt das weibliche Bewusstsein zu Schlussfolgerungen, die sich auf den unendlichen Raum beziehen und nicht auf das Atom. Nur ein Bewusstsein dieser Art kann behaupten: »Das ganze Universum ist nichts als *Brahma*.«

Der Wissenschaftler hingegen behauptet, das Universum sei eine Zusammenballung von Atomen, und jedes Atom sei eine abgeschlossene Einheit. Die Atome seien nicht miteinander verbunden, könnten es nicht sein. Zwischen jedem einzelnen Atom befinde sich ein Abgrund. Sie seien wie Sandkörner, die irgendwie zusammengehalten werden. Aber ist das wirklich so? Oder liegt es an dieser deduktiven Methode, dass die Wissenschaftler zu dem Schluss kommen, das Universum sei eine Anhäufung von Atomen?

Viele Völker und Traditionen des Ostens haben Gott »Mutter« genannt. Diese Einstellung erscheint mir viel passender. Seht euch Buddha an: Sein Gesicht gleicht mehr einer Frau als einem Mann. Deshalb wird er auch nie mit Bart oder Schnurrbart abgebildet.

Ob Mahavira, Buddha, Krischna, Rama – nie sieht man sie mit einem Schnurrbart oder Bart im Gesicht. Es ist ja keineswegs so, dass ihnen bestimmte Hormone fehlten – sie haben mit Sicherheit auch Bärte gehabt. Nur haben wir sie nicht damit abgebildet, weil das ihre Gesichter zu männlich hätte aussehen lassen.

Im Osten kümmern wir uns weniger um Fakten als um die Stimmigkeit und die innere Bedeutung. Natürlich sind die Buddhastatuen, die ihr kennt, alle unrealistisch, aber im Osten machen wir uns darüber keine Gedanken. Worauf es ankommt, ist, dass Buddha weiblicher wurde, femininer.

Das hängt mit der Verlagerung von der linken zur rechten Gehirnhälfte zusammen, vom Männlichen zum Weiblichen, einer Verlagerung von der Aggressivität zur Passivität, einer Verlagerung vom Positiven zum Negativen, einer Verlagerung von der Anstrengung zur Anstrengungslosigkeit. Ein Buddha ist eher weiblich, eher mütterlich.

Wenn du wirklich zu einem Meditierer werden willst, wirst du mit der Zeit viele Veränderungen in deinem Wesen bemerken. Du wirst dich in vielem mehr wie eine Frau fühlen als wie ein Mann. Du wirst anmutiger, empfindsamer, sanfter, liebevoller werden. Und deinem Wesen wird ständig Mitgefühl entströmen, wie ein natürlicher Duft.

Wer nach der Methode des weiblichen Bewusstseins arbeitet, betrachtet das Universum als eine Einheit. Da ist keine Rede von vielen, da gibt es nicht einmal zwei. Das Universum ist eine einzige riesige Ausdehnung. Wenn man immer mehr hinzufügt, bis es nichts mehr hinzuzufügen gibt, fügt sich das ganze Universum zu einer Einheit zusammen.

Die Frau denkt stets in Begriffen von Zusammenfügen, der Mann denkt stets in Begriffen von Teilen und Trennen – so ist der männliche Verstand. Das weibliche Denken fügt zusammen, und auf diese Weise gelangt es zu anderen Schlussfolgerungen als jenen, die durch Analyse erzielt werden.

Vergesst nicht: Analyse bedeutet immer auch Aggression. Darum spricht die westliche Wissenschaft von der »Eroberung der Natur«. Im Osten hingegen sagen Leute wie Laotse: »Wir sind Kinder der Natur. Wie können wir die Natur erobern? Das wäre ein ungebührlicher Akt der Unterdrückung gegenüber unserer Mutter!«

Laotse sagt: Das Geheimnis des weiblichen Bewusstseins - Gelassenheit, Geduld, Fehlen des Zeitbewusstseins - das sind hilfreiche Schritte in Richtung Wahrheit. Eines dürft ihr nie vergessen: Wenn ich vom weiblichen Bewusstsein rede, meine ich tatsächlich nur weibliches *Bewusstsein.* Es hat nichts damit zu tun, ob man eine Frau ist. Auch ein Mann kann weibliches Bewusstsein haben. Ein Mensch wie Buddha hat weibliches Bewusstsein; er ist ohne Zeitgefühl.

Die Frau lebt in der räumlichen Dimension. Ihr Bewusstsein verweilt im Raum. Der Raum breitet sich hier und jetzt aus. Die Zeit breitet sich in die Vergangenheit und Zukunft aus. Der Raum breitet sich in der Gegenwart aus, im Hier und Jetzt.

Die Frau verfügt über Wissen im Raum, und was immer die Frau an Werken vollbringt - wie wenig es auch sein mag -, das vollbringt sie in der Dimension des Raumes. Ob sie ein Haus einrichtet, Möbel entwirft oder ein Zimmer gestaltet, ob sie Kleider oder Schmuck trägt - immer ist es »räumlich«. Form und Gestalt beziehen sich beide auf den Raum. Die Frau ist nicht in der Zeit beheimatet.

Das Interesse des Mannes dreht sich immer um die Zeit. Er denkt etwa darüber nach, wie man den Kommunismus verwirklichen könnte – Karl Marx verbrachte vierzig Jahre seines Lebens in der Bibliothek des Britischen Museums und dachte über Mittel und Wege nach, wie sich der Kommunismus verwirklichen ließe. Nun hat Marx es nicht mehr erlebt, dass sein Traum in Erfüllung ging. Es war unmöglich, seinen Traum zu seinen Lebenszeiten zu verwirklichen. Dennoch plante und plante er ... Ob ein anderer jemals seine Pläne umsetzen würde oder ob es vielleicht nie dazu kommen würde, bekümmerte ihn nicht. Für dieses Projekt scheute er keine Mühe.

Er lebte für einen Traum der Zukunft – irgendwann wird der Kommunismus kommen! Keine Frau würde so etwas tun, dazu ist sie viel zu sehr mit dem Hier und Jetzt verbunden. Ihr fehlt das Wissen und die Erfahrung der Zeit.

Laotse glaubt, wenn die Erfahrung der Zeit verloren geht, erlangt man das weibliche Bewusstsein. Darum behaupten die Suchenden auf der ganzen Welt: Meditation wird erreicht, wenn die Zeit verschwindet.

Jemand fragte Jesus, was denn das Besondere an seinem Himmel sei, und Jesus antwortete: »Es wird dort keine Zeit mehr geben.«

Keine Zeit wird es geben – alle Sorgen entstehen in der Zeit. Alles Begehren entsteht in der Zeit. Alle Leidenschaften entstehen aus der Zeit. Alles Erwarten von Ergebnissen entsteht aus der Zeit. In der Zeit entsteht das Königreich unseres Glücks – irgendwann in der Zukunft, nur nicht hier und jetzt.

Laotse sagt, die Existenz sei ihrem Wesen nach mehr wie eine Frau, wie das Weibliche. Und dieser Vergleich ist schön. Er sagt nicht, die Existenz sei weiblich, wohlgemerkt! Hier geht es nicht um Logik. Er versucht nicht zu beweisen, dass die Existenz weiblich sei. Er vertritt nicht die Frauenbewegung. Er stellt nur einen Vergleich an.

Auch ein Mann kann weiblich sein. Ein Buddha ist weiblich, ein Laotse ist weiblich, ein Jesus ist weiblich. Dann erst lebt er, dann lebt er im Augenblick, ohne Hast. Er genießt den Augenblick ohne Hast.

Das Tor zum mystischen Weiblichen
ist die Wurzel von Himmel und Erde.
Laotse

Wenn ihr den Schlüssel findet, der das Tor zum mystischen Weiblichen öffnet, dann habt ihr das Tor zur Existenz geöffnet. Durch dieses Tor tritt nur ein, wer entspannt, ausgeglichen, erfüllt und zufrieden ist. Das ist das Geheimnis des weiblichen Wesens.

Wenn ich das sage, gibt es zwei Möglichkeiten, es misszuverstehen. Die Frauen könnten es missverstehen und denken, es gäbe für sie nichts zu tun. Die Männer könnten es missverstehen und denken, das sei nichts für sie. Es ist aber für euch beide.

Aber vergesst eines nicht: Die Frauen sind keine echten Frauen mehr – sie haben das weibliche Geheimnis verloren; sie müssen es selbst wieder erlangen. Das wird ihnen natürlich leichter fallen als den Männern, weil der Mann sich weiter davon entfernt hat. Und wenn du ein Mann bist, dann denke nicht, ein Mann wie Laotse sei nichts für dich. Er ist speziell für dich, denn sonst wirst du dich immer weiter vom Leben und von der Ekstase des Daseins entfernen.

Wir alle müssen zur Mutter zurückkehren. Darin besteht das weibliche Mysterium.

Der Mann ist wie ein Fels, und die Frau ist wie Wasser. Wenn Wasser auf einen Felsen fällt, verschwindet der Fels und wird zu Sand, früher oder später. Es ist nur eine Frage der Zeit. Wenn das Wasser zum ersten Mal auf den Felsen auftrifft, ist der Fels so stark und das Wasser so weich, dass man es sich logisch nicht vorstellen kann, das Wasser könne eines Tages den Felsen zerstören und er werde als Sand verschwinden, während das Wasser immer noch da sein wird.

Das nennt Laotse den »Weg des Wassers« – die Stärke des Weiblichen.

Die Energie des Männlichen gleicht der eines Holzfällers, eines Holzhackers. Habt ihr schon mal einen Holzfäller beim Holzhacken beobachtet? So ist die Energie des Männlichen – gewaltsam, aggressiv, zerstörerisch.

Die weibliche Energie gleicht der eines Surfers. Das Männliche ringt mit dem Leben, statt sich von ihm treiben zu lassen. Das Weibliche geht mit ihm mit, lässt sich von ihm treiben, und es ringt nicht mit ihm. Das Weibliche ist von einer nachgiebigen Geschmeidigkeit, mehr flüssig.

Deutschland ist das einzige Land, das sich »Vaterland« nennt. Was für eine männlich-chauvinistische Einstellung! Alle Länder dieser Erde nennen sich »Mutterland«, nur die Deutschen können ihr Land nicht »Mutterland« nennen – das würde ja so aussehen, als ob man sein Land nach dem schwächeren Geschlecht benennt! Vaterland erscheint da richtiger.

Bitte lasst endlich diesen Gedanken vom »Vaterland« fallen und macht aus Deutschland ein »Mutterland«! Nehmt ihm diese männlich-chauvinistischen Ideen und gebt ihm mehr weibliche Eigenschaften.

Ich möchte euch eine Anekdote erzählen: Im deutschsprachigen Raum gilt Berlin als Inbegriff preußischer Schroffheit und Tüchtigkeit, während Wien das Wesen des österreichischen Charmes und der Gemütlichkeit repräsentiert. Es gibt da die Geschichte von einem Berliner, der in Wien zu Besuch war und sich verirrte, so dass er sich nach dem Weg erkundigen musste. Wie machte er das? Er packte den erstbesten Wiener, der ihm über den Weg lief, beim Kragen und bellte ihn an: »Das Postamt. Wo ist es?« Der überrumpelte Wiener löste bedächtig die Faust seines Gegenübers vom Jackett, strich sich über den Kragen und sagte in liebenswürdiger Manier: »Gnä' Herr, könnten'S mich net ein bisserl höflicher anreden und mich fragen: Mein Herr, hätten'S ein Momenterl Zeit und könnten'S mir zeigen, wo das Postamt ist, wenn Sie's wissen?« Der Berliner starrte ihn einen Moment lang entgeistert an und knurrte dann unwirsch: »Lieber verirre ich mich!« und stampfte davon.

Derselbe Wiener besuchte im gleichen Jahr Berlin, und wie es sich so ergab, musste diesmal er nach dem Postamt suchen. Er näherte sich einem Berliner und fragte höflich: »Mein Herr, hätten'S ein Momenterl Zeit und könnten'S mir bitte zeigen, wo das Postamt ist?«

Wie aus der Pistole geschossen kam die Antwort des Berliners: »Links herum, zwei Häuserblöcke vorwärts, scharf um die Ecke rechts, einen Block weiter, Straße kreuzen, Wendung halbrechts, links über die Gleise, am Kiosk vorbei in die Schalterhalle des Postamtes!«

Der Wiener, mehr verwirrt als informiert, murmelte trotzdem: »Tausend Dank, gnä' Herr«, woraufhin der Berliner ihn grimmig am Kragen schnappte und brüllte: »Keine Ursache! Wiederholen Sie die Instruktionen!«

Der männliche Verstand – der Berliner; der weibliche Verstand – der Wiener. Der weibliche Verstand besitzt Anmut, der männliche Verstand Effizienz. Und natürlich muss auf längere Sicht die Anmut im ständigen Kampf zwangsläufig unterliegen. Der effiziente Verstand wird die Oberhand behalten, denn die Welt redet die Sprache der Rechner, nicht die Sprache der Liebenden. Doch in dem Moment, da eure Effizienz die Oberhand gewinnt über eure Anmut, verliert ihr etwas sehr Kostbares:

Ihr verliert den Kontakt zu eurem eigenen Sein. Ihr mögt sehr effizient geworden sein, aber richtige Menschen seid ihr nicht mehr. Ihr seid zu Maschinen geworden, zu einer Art Roboter.

Wenn du über die Frage »Wer bin ich?« meditierst, wirst du an einen Punkt kommen, wo sie sich auflöst. Je tiefer du gehst, umso tiefere Fragen werden auftauchen – zuerst soziologische, theologische, dann biologische Fragen. Du hast den Körper eines Mannes, einer Frau, und die Frage wird auftauchen: »Bin ich ein Mann oder eine Frau?« Bewusstsein ist weder das eine noch das andere. Bewusstsein kann weder männlich noch weiblich sein. Bewusstsein ist einfach Bewusstsein. Es ist die Fähigkeit, einfach Zeuge zu sein. Bald überschreitest du auch diese Barriere. Du vergisst, ob du ein Mann bist oder eine Frau.

Und so geht es immer tiefer. Wenn sämtliche alten Identitäten von dir abgefallen sind, bleibt nichts mehr übrig. In der Stille hallt nur die eine Frage wider: »Wer bin ich?« Diese Frage kann für sich allein nicht bestehen bleiben. Sie braucht Antworten, sonst kann sie nicht weiter bestehen. Schließlich kommt der Punkt, an dem das Fragen absurd wird ... und dann löst sich die Frage auf.

Das ist der Moment, den man »Selbsterkenntnis« nennt – *atmagyan*. Das ist der Moment, in dem du, ohne eine Antwort erhalten zu haben, es einfach weißt. Du fühlst, wer du bist.

Vielleicht erlauben wir unserem Bewusstsein nur deshalb nicht, höher zu steigen, weil das Leben dann eine ständige Überraschung wäre und wir es vielleicht nicht mehr managen könnten.

Darum gebt ihr euch mit einem dumpfen Bewusstsein zufrieden. Ihr habt darin investiert. Ihr seid nicht grundlos dumpf; es hat einen bestimmten Zweck, dass ihr dumpf seid. Wenn ihr wirklich lebendig wäret, dann wäre alles eine Überraschung und ein Schock. Wenn ihr dumpf bleibt, kann euch nichts überraschen oder schockieren. Je dumpfer ihr seid, umso dumpfer erscheint euch das Leben.

Wenn ihr bewusster werdet, wird auch das Leben lebendiger, lebhafter – und das bringt Schwierigkeiten.

Mein Anliegen ist es, eine solche Revolution zu bewirken, dass das Bewusstsein der ganzen Menschheit davon betroffen ist. Individuelle Erleuchtung allein genügt nicht.

Wir müssen einen Prozess der Erleuchtung in Gang setzen, durch den Tausende von Menschen praktisch gleichzeitig erleuchtet werden, damit das Bewusstsein der ganzen Menschheit auf ein höheres Niveau gehoben wird – denn das ist die einzige Hoffnung auf ihre Rettung.

WEDER MÄNNLICH NOCH WEIBLICH

Bewusstsein ist weder männlich noch weiblich, denn es gehört nicht zum Körper; es schwebt über dem Körper. Die Leute kommen zu mir und fragen: »Wo ist das Bewusstsein lokalisiert?« Man kann es nicht lokalisieren, denn es gehört nicht zum Körper. Es schwebt irgendwo über dir. Es ist nicht exakt im Körper; man kann es nicht lokalisieren.

Und sobald du bewusst wirst, schwebst auch du über deinem Körper. Du bist nicht im Körper. Und genau das bedeutet das Wort »Ekstase«. Ekstase bedeutet, »außerhalb von sich zu stehen«, *ekstasis* – außerhalb stehen.

Sobald du bewusst wirst, bist du ekstatisch. Du stehst außerhalb von dir. Du wirst zum Zeugen, zum Beobachter, zum Wächter auf dem Berg.

Richtige Bewusstheit gibt es nicht, weil es keine Möglichkeit für falsche Bewusstheit gibt. Bewusstheit ist immer richtig. Darum solltest du nicht fragen, was richtige Bewusstheit ist, du solltest nur fragen, was Bewusstheit ist.

Bewusstheit ist einfach, ganz unschuldig. Jeder hat sie, man muss also nichts dafür tun. Du hast sie schon.

Wenn du den Sonnenuntergang siehst, bist du nicht bewusst? Wenn du eine Rose siehst, bist du nicht bewusst? Du bist dir des schönen Sonnenuntergangs bewusst, bist dir der schönen Rose bewusst. Jetzt ist nur noch nötig, dir deiner Bewusstheit selbst bewusst zu werden. Das ist das Einzige, was noch hinzukommen muss, die einzige Verfeinerung.

Du bist dir der Objekte bewusst. Nun musst du dir noch deiner Subjektivität bewusst werden.

Die Erfahrung, die sie als Kind gemacht haben, verfolgt intelligente Menschen ihr ganzes Leben lang. Sie wollen das wieder haben – die gleiche Unschuld, das gleiche Staunen, die gleiche Schönheit. Jetzt erscheint alles wie ein weit entferntes Echo, so als hätte man es im Traum gesehen.

Doch alle Religiosität entsteht aus dieser sehnsüchtig erinnerten Kindheitserfahrung des Staunens, der Wahrheit, der Schönheit, der Herrlichkeit dieses Lebens, das um uns herum seinen Tanz entfaltet. In den Liedern der Vögel, in den Farben des Regenbogens, im Duft der Blumen wird das Kind in der Tiefe unseres Seins immer wieder daran erinnert, dass es ein Paradies verloren hat.

Die ganze Kunst besteht darin, vom weiblichen Teil des Verstandes aus zu operieren, denn das Weibliche hat eine Verbindung zum Ganzen, das Männliche hingegen nicht. Das Männliche ist aggressiv, das Männliche ist ständig im Kampf – das Weibliche ist ständig in Hingabe, in tiefem Vertrauen.

Darum ist der weibliche Körper auch so schön und rund. Da ist tiefes Vertrauen und eine tiefe Harmonie mit der Natur. Die Frau lebt in tiefer Hingabe. Der Mann liegt in einem ständigen Kampf. Wütend macht er dies und das, versucht immer etwas zu beweisen und ein Ziel zu erreichen. Die Frau ist glücklich und zufrieden; sie will kein Ziel erreichen.

Fragt man Frauen, ob sie zum Mond wollen, werden sie sich höchstens wundern. Wozu denn? Wofür soll das gut sein? Wozu denn solche Mühen auf sich nehmen? Das eigene Heim ist doch gut genug! Die Frau ist nicht an dem interessiert, was in Vietnam passiert oder in Korea oder in Israel. Sie ist höchstens an dem interessiert, was in der Nachbarschaft passiert – wer in wen verliebt ist und wer mit wem durchgebrannt ist. Sie ist an Tratsch interessiert, nicht an Politik.

Sie ist mehr am Unmittelbaren interessiert, am Hier und Jetzt, und das gibt ihr eine gewisse Harmonie und Anmut. Der Mann versucht ständig, sich zu beweisen, und wenn man sich beweisen will, muss man natürlich kämpfen und konkurrieren und horten.

Bewusstsein kann nie verloren gehen. Es gerät bloß in Verstrickungen – mit anderen, mit Objekten. Zuerst musst du also wissen: Es geht nie verloren, es ist deine Wesensnatur, doch du kannst deine Aufmerksamkeit auf alles richten, was du willst.

Wenn du es leid bist, deine Aufmerksamkeit auf Geld, Macht und Ansehen zu richten, und wenn dieser bedeutsame Augenblick in dein Leben tritt, da du die Augen zumachen willst und dein Bewusstsein auf seine eigene Quelle richten möchtest, auf den Ursprung, auf seine Wurzeln – dann verwandelt sich im Bruchteil einer Sekunde dein ganzes Leben.

Und frage nicht nach den Schritten, die dorthin führen. Es gibt nur einen einzigen Schritt. Der Vorgang ist ganz einfach. Dieser eine Schritt ist: Wende dich nach innen.

Wenn du bewusst handelst, bist du im Paradies, wo immer du bist. Wenn du das einmal gelernt hast, wirst du nicht mehr fragen: »Was ist Tugend?« Du wirst fragen: »Was ist Bewusstheit? Worin besteht Bewusstsein?« Du wirst fragen: »Was ist Meditation?« – denn sie macht dich bewusst, macht dich wach.

Sünde ist alles, was Leiden bringt. Tugend ist alles, was Freude bringt.

Die Evolution des Bewusstseins geht durch viel Auf und Ab. Es ist eine Berg- und Talfahrt. Mit dir ist nichts falsch gelaufen, du bist nur noch nicht damit vertraut, wie der Pfad verläuft. Oft führt er nach unten, um dann noch höher zu gehen als zuvor.

Er führt erst durch die Täler, um zu den Gipfeln zu gelangen. Und jeder Gipfel ist erst der Anfang einer neuen Pilgerreise, denn vor dir liegen immer höhere Gipfel. Um einen noch höheren Gipfel zu erreichen, musst du jedoch zuerst wieder nach unten. Wenn du einmal verstanden hast, dass das natürlich ist, wird sich dein ganzes Leiden, werden sich alle diese Wolken einfach auflösen.

Man muss lernen, nicht nur den Tag, sondern auch die Nacht zu genießen; sie hat ihre eigene Schönheit. Die Gipfel haben ihren eigenen Glanz, die Täler haben ihren eigenen Reichtum. Doch wenn du nur nach den Gipfeln süchtig bist, hast du angefangen zu wählen, und ein Bewusstsein, das anfängt zu wählen, kommt in Schwierigkeiten. Wähle nicht. Und was immer dann kommt – genieße es als Bestandteil der natürlichen Entwicklung.

Die Nacht kann noch dunkler werden. Aber je dunkler die Nacht, umso näher ist der Sonnenaufgang. Darum freue dich über die dunkel werdende Nacht und lerne die Schönheit der Dunkelheit, der Sterne zu sehen, denn die Sterne wirst du bei Tag nicht finden können.

Und vergleiche nie, was war und was sein sollte mit dem, was ist.

Es ist kein Zufall, dass es in allen Religionen der Welt die Idee in Form von Gleichnissen gibt, dass der Mensch einmal im Paradies gelebt habe und dann irgendwie, aus irgendeinem Grund, daraus vertrieben wurde. Es sind unterschiedliche Geschichten, unterschiedliche Gleichnisse, aber sie alle enthalten eine einfache Wahrheit. Diese Geschichten besagen auf poetische Weise: Jeder Mensch wird im Paradies geboren und verliert es dann wieder.

Die Unintelligenten, die Beschränkten, vergessen das völlig. Die Intelligenten aber, die Sensiblen, Schöpferischen, sie lässt der Gedanke an das Paradies nie mehr los – das Paradies, das sie einmal gekannt haben und das jetzt nur noch als blasse, unfassbare Erinnerung in ihnen verblieben ist. Sie beginnen wieder danach zu suchen.

Die Suche nach dem Paradies ist die Suche nach deiner Kindheit. Natürlich kannst du nicht mehr den Körper eines Kindes haben, aber dein Bewusstsein kann wieder so rein werden wie das Bewusstsein des Kindes.

Darin besteht das ganze Geheimnis des mystischen Weges: dich wieder zum Kind zu machen – unschuldig, unverdorben von allem Wissen.

Unwissend, aber dennoch bewusst über alles, was dich umgibt. Mit tiefem Staunen und einem Sinn für das Mysterium, das sich niemals entmystifizieren lässt.

Du wurdest geboren, du kamst auf diese Welt mit Leben, Bewusstsein, einer ungeheuren Sensibilität.

Beobachte einmal ein kleines Kind: Schau in seine Augen – diese Klarheit! Das alles wurde zugedeckt von der falschen Persönlichkeit.

Bewusstsein ist ein natürliches Phänomen. Du bist schon damit geboren. Das Gewissen hat sich nur wie eine harte Kruste darum herum gelegt und lässt seinen Fluss nicht zu. Das Gewissen ist wie ein Fels, der die kleine Quelle des Bewusstseins blockiert. Wenn du den Felsen zur Seite räumst, kann die Quelle wieder zu sprudeln beginnen.

Und mit der Quelle beginnt dein Leben auf eine völlig neue Art wieder zu fließen, wie du es dir niemals hättest ausmalen können, wie du es dir nie hättest träumen lassen. Und alles fügt sich allmählich in eine Harmonie mit der Existenz. Mit der Existenz in Harmonie zu sein, ist richtig. Nicht in Harmonie zu sein mit der Existenz, ist falsch.

Das Gewissen an sich ist also die Wurzel alles Falschen, weil es nicht zulässt, dass du mit der Existenz in Harmonie kommst. Bewusstsein ist immer richtig, und Gewissen ist immer falsch.

Sieh dir einmal ein neugeborenes Kind an – es hat Augen, es hat Bewusstsein. Es blickt um sich, sieht all die Farben, die Blumen, das Licht, die Leute, ihre Gesichter. Aber denkst du, das Kind würde die Farbe Grün als Grün erkennen? Denkst du, es würde zwischen einer Frau und einem Mann unterscheiden? Oder zwischen schön und hässlich?

Sein Bewusstsein unterscheidet noch nicht. Es sieht einfach alles, was da ist, aber ohne Urteil. Es kann kein Urteil haben, weil es noch nicht Bekanntschaft mit der Farbe namens Grün, der Farbe namens Rot gemacht hat. Es braucht eine Weile, bis es zu unterscheiden gelernt hat.

Eigentlich besteht unsere ganze Erziehung in nichts anderem, als in jedem Menschen ein unterscheidendes Bewusstsein zu erzeugen.

Jeder wird mit einem unterscheidungslosen Bewusstsein geboren. Er wird mit dem geboren, was der Weise letztendlich erlangt. Es ist ein äußerst mysteriöses Phänomen:

Was der Weise am Ende erlangt, bringt das Kind schon von Anfang an mit.

Es ist kein Zufall, dass die verschiedensten Mystiker in den verschiedensten Epochen allesamt auf diese Tatsache gestoßen sind: Die Erleuchtung, die höchste Bewusstwerdung ist nichts anderes als das Wiedergewinnen unserer Kindheit. Es geht darum, das gleiche Bewusstsein, das du zum Zeitpunkt der Geburt hattest, wieder zu erlangen. Du gewinnst also nichts Neues, sondern entdeckst nur wieder etwas Uraltes, Ewiges.

Du verlierst dich in der Welt ... und sie bietet so viel Gelegenheit, sich zu verlieren, denn in der Welt sind alle möglichen Unterscheidungen, Urteile und Bewertungen nötig: der Begriff von Gut und Böse, der Begriff von Richtig und Falsch, alle möglichen Gebote und Verbote.

Die Welt braucht alle diese Dinge, darum wird jedes Kind dafür trainiert. Und auf diese Weise verliert sich das Kind mehr und mehr in der Sprache, in Worten, im Denken – bis es schließlich an den Punkt kommt, von wo es den Weg nach Hause nicht mehr findet.

Bei deiner Geburt warst du reines Bewusstsein. Alles andere hast du dir später erworben. Nun musst du alles, was du seit deiner Kindheit in deinem Verstand angehäuft hast, beiseite räumen – dann wirst du dir nicht länger selbst im Weg stehen.

Einfach durch dieses Verständnis öffnen sich die Tore zum Tempel deines Seins.

Eine Geschichte:
Ein König in Japan schickte seinen Sohn zu einem Mystiker, einem Meister, damit er Bewusstheit lerne.

Der König war schon alt, und er sagte zu seinem Sohn: »Gib deine ganze Energie hinein, denn solange du nicht bewusst geworden bist, kannst du nicht mein Nachfolger werden. Ich gebe dieses Königreich keinem Mann, der schläfrig und unbewusst ist. Es geht hier nicht um Vater und Sohn. Mein Vater hat es mir erst gegeben, als ich Bewusstheit erlangt hatte. Ich war gar nicht der Richtige, denn ich war nicht der älteste Sohn. Ich war der Jüngste, aber meine beiden Brüder, die älter waren als ich, haben es nicht geschafft.

Genauso soll es jetzt mit dir geschehen. Und das Problem ist noch komplizierter, weil ich nur einen Sohn habe. Wenn du nicht zur Bewusstheit gelangst, wird das Königreich in die Hände eines anderen geraten. Dann stehst du als Bettler auf der Straße. Es geht für dich also um Leben und Tod. Geh hin zu diesem Mann; er ist mein Meister. Er ist schon sehr alt, aber ich weiß, wenn irgendjemand es dir beibringen kann, dann dieser Mann. Sag ihm: ›Mein Vater ist alt und krank und kann jederzeit sterben.

Es bleibt nicht mehr viel Zeit, und ich muss vollkommen bewusst werden, bevor er stirbt, sonst verliere ich mein Königreich.‹«

Diese Geschichte ist auch symbolisch: Wenn du nicht bewusst bist, verlierst du dein Königreich. Der Königssohn ging zu dem alten Meister in den Bergen. Er sagte zu dem Meister: »Dein Schüler, der König, hat mich geschickt.«

Der Meister war sehr alt, älter als sein Vater. Er sagte: »Ich erinnere mich an den Mann. Er war ein wahrhaftiger Sucher. Ich hoffe, du erweist dich als einer vom gleichen Kaliber, von der gleichen Genialität, der gleichen Totalität, der gleichen Intensität.«

Der junge Prinz sagte: »Ich will alles tun.«

Der Meister sagte: »Du kannst anfangen, in der Gemeinschaft zu putzen. Aber sei auf eines gefasst: Jederzeit kann ich kommen und dich schlagen. Vielleicht reinigst du gerade den Fußboden und ich komme von hinten und schlage dich mit meinem Stock. Sei also auf der Hut!«

Er sagte: »Aber ich bin doch gekommen, um etwas über Bewusstheit zu lernen!«

Der Meister sagte: »So lernst du es.«

Ein Jahr verging.

Am Anfang bekam der Prinz jeden Tag viele

Schläge, aber nach und nach wurde er bewusster. Schon das Geräusch der Schritte des alten Mannes ... Bei allem, was er tat – wie sehr er auch in die Arbeit vertieft sein mochte –, wurde ihm sofort bewusst, wenn der Meister in der Nähe war.

Der Prinz war ständig auf der Hut. Nach einem Jahr versetzte ihm der Meister einen Schlag von hinten, während er mit einem anderen Mitglied der Gemeinschaft ins Gespräch vertieft war. Der Prinz redete weiter, aber er konnte den Stock abfangen, noch ehe er seinen Körper traf.

Der Meister sagte: »So ist's recht! Damit hast du die erste Lektion beendet. Heute Abend beginnt die zweite Lektion.«

Der Prinz sagte: »Ich dachte, das wäre schon alles. Das ist bloß die erste Lektion? Wie viele Lektionen gibt es denn?«

Der Alte sagte: »Das hängt ganz von dir ab. In der zweiten Lektion werde ich dich auch schlagen, wenn du schläfst. Von jetzt an musst du auch im Schlaf aufpassen.«

Er sagte: »Mein Gott! Wie kann ich denn im Schlaf aufpassen?«

Der Alte sagte: »Keine Sorge. Tausende meiner Schüler haben diese Prüfung bestanden. Auch dein

Vater hat die Prüfung bestanden. Es ist nicht unmöglich. Es ist schwierig, aber es ist eine Herausforderung.«

Und von diesem Abend an erhielt der Prinz sechsmal, achtmal, zwölfmal in jeder Nacht Schläge. Schlafen wurde schwierig. Doch innerhalb von sechs Monaten fing er an, eine gewisse Bewusstheit an sich wahrzunehmen. Eines Nachts, als der Meister gerade ausholte, um ihn zu schlagen, sagte er mit geschlossenen Augen: »Gib dir keine Mühe. Du bist schon so alt. Es tut mir weh zu sehen, wie viel Mühe du dir gibst. Ich bin noch jung, ich kann die Schläge aushalten.«

Der Meister sagte: »Du bist gesegnet. Du hast deine zweite Lektion gelernt. Doch bis jetzt habe ich dich mit meinem hölzernen Stock geschlagen. Die dritte Lektion beginnt morgen früh, und ich werde anfangen, dich mit einem richtigen Schwert zu schlagen. Pass bloß auf! Ein Moment der Unbewusstheit, und du bist erledigt!«

Frühmorgens pflegte der Meister immer im Garten zu sitzen und den zwitschernden Vögeln zu lauschen, den sich öffnenden Blüten und der aufgehenden Sonne zuzuschauen. Der Prinz dachte: »Jetzt wird es gefährlich! Der Holzstock war hart, und es war schwierig, aber es konnte mich nicht umbringen. Aber ein richtiges Schwert!« Er war ein Schwertkämpfer, aber hier gab es keine Möglichkeit, sich zu schützen. Nur Bewusstheit konnte ihn retten.

Der Gedanke kam ihm in den Sinn: »Dieser Alte ist wirklich gefährlich. Bevor er mit der dritten Lektion beginnt, will ich doch mal sehen, ob er diese Prüfung selber besteht!« Das waren nur Gedanken, die ihm kamen, während er noch im Bett lag. Es war ein kalter Morgen.

Da hörte er den Meister: »Komm hervor unter deiner Decke, du Dummkopf! Willst du etwa deinen eigenen Meister mit dem Schwert treffen? Du solltest dich schämen! Ich kann das Geräusch deiner Gedanken hören. Diese Idee kannst du dir aus dem Kopf schlagen!« Er hatte es gehört, ohne dass etwas gesagt oder getan worden wäre.

Auch Gedanken sind Dinge. Selbst die Bewegung der Gedanken macht ein Geräusch, und wer ganz wach ist, vermag die Gedanken zu lesen. Noch ehe du selbst ihrer gewahr wirst, gewahrt sie der Meister.

Der Prinz war aufrichtig beschämt. Er fiel dem Meister zu Füßen und sagte: »Bitte vergib mir! Ich bin wirklich dumm.«

Doch nun, da es um ein Schwert ging, ein richtiges Schwert, gewahrte er alle Dinge um sich herum, sogar seinen eigenen Atem, seinen Herzschlag. Eine leichte Brise, die durch die Blätter wehte, ein totes Blatt, das sich im Wind bewegte ... Er gewahrte alles. Der Meister versuchte es mehrmals, aber er fand ihn immer bereit. Sein Schwert konnte ihn nie treffen; er fand ihn nie unbewusst, nie unaufmerksam. Er war reine Bewusstheit. Schließlich ging es um Tod oder Leben – da kann man es sich nicht leisten, nicht wach zu sein.

Drei Tage lang konnte der Meister nicht einen einzigen Augenblick, nicht eine einzige Lücke finden, um ihn zu überraschen. Nach dem dritten Tag rief er den Prinzen zu sich und sagte: »Jetzt kannst du gehen. Und sag deinem Vater – hier ist ein Brief von mir –, dass das Königreich jetzt dir gehört.«

Bewusstheit ist der Prozess, durch den man immer wacher wird.

Weibliche Qualitäten – weibliche Erfahrung

Die Frau hat viel gelitten, denn der weibliche Verstand hat viel gelitten. Die Frau ist lange unterdrückt worden, denn der weibliche Verstand ist lange unterdrückt worden.

Viele Jahrhunderte der Unterdrückung, Ausbeutung, Unterwerfung. Den Frauen wurde viel Gewalt angetan. So ist die Frau natürlich schlauer geworden. So ist sie natürlich sehr clever geworden und hat subtile Methoden entwickelt, um den Mann zu quälen. Aber das ist nur natürlich. Das ist die Methode der Schwachen. Nörgeln und Zanken, das ist die Methode der Schwächeren.

Solange ihr Frauen das nicht versteht, könnt ihr es nicht sein lassen.

Die Frau ist sehr zerbrechlich und zart. So ist sie gemacht. Und sie ist viel harmonischer als der Mann. Sie ist musikalischer, rhythmischer, runder als der Mann. Einerseits kann sie nicht so aggressiv sein wie der Mann, weil sie so zart ist. Andererseits hat der Mann sie in einer bestimmten Art konditioniert: Er hat ihr eine Denkweise anerzogen, die es ihr nicht erlaubt, sich aus ihrer Sklaverei zu befreien. Sie währt schon so lange, dass es ihr bis ins Mark gegangen ist. Sie hat es akzeptiert.

Doch das Wesen der Freiheit ist solcherart, dass man sich unter allen Umständen immer an der Freiheit orientiert. Man kann die Sehnsucht, frei zu sein, niemals verlieren – und das ist die Sehnsucht, religiös zu sein, die Sehnsucht, göttlich zu sein. Freiheit bleibt unter allen Umständen immer das Ziel.

Was bleibt einem also übrig, wenn es keine Möglichkeit zu revoltieren gibt und die ganze Gesellschaft vom Mann beherrscht ist? Wie kann man kämpfen? Wie bewahrt man sich ein bisschen Würde? Die Frau wurde sehr schlau und diplomatisch. Sie macht Dinge, die kein direkter Angriff sind, aber ein indirekter. Sie bekämpft den Mann auf subtilere Weise.

Da waren viele, viele Jahrhunderte der Würdelosigkeit und Erniedrigung. Und selbst wenn heute dein Mann dir nichts Böses will, so steht er doch stellvertretend für alle Männer. Das kannst du nicht vergessen. Du liebst den Mann, diesen Mann, aber die Ordnung, die von den Männern geschaffen wurde, die kannst du nicht lieben. Diesen einen Mann kannst du lieben, aber den Männern an sich kannst du nicht verzeihen. Und immer wenn du tiefer in diesen Mann hineinschaust, wirst du in ihm den männlichen Verstand wiederfinden, und etwas in dir springt darauf an.

Das passiert ganz unbewusst. Es bewirkt bei den Frauen eine bestimmte Neurose. Die Frauen sind neurotischer als die Männer. Das ist nur natürlich, denn sie leben in einer vom Mann geschaffenen, auf die Männer zugeschnittenen Gesellschaft und müssen sich anpassen. Diese Gesellschaft ist von Männern maßgeschneidert für Männer, aber die Frauen müssen darin leben, sie müssen hineinpassen. Sie müssen viele Teile von sich, viele ihrer Glieder – ihrer lebendigen Glieder – zurechtstutzen, damit sie in die mechanische Rolle hineinpassen, die der Mann ihnen zugeteilt hat. So leisten sie Widerstand und sie kämpfen, und dieses ständige Kämpfen wird zu einer gewissen Neurose. Das bedeutet »Zickigkeit«.

Ich weiß, es gibt Situationen, in denen zwei Menschen nicht übereinstimmen, aber das gehört zum Wachstum. Du wirst niemanden finden, der völlig mit dir übereinstimmt. Und speziell Mann und Frau stimmen nie überein, denn sie haben unterschiedliche Denkweisen, eine völlig verschiedene Einstellung zu den Dingen. Sie operieren von verschiedenen Zentren aus. Darum ist es absolut natürlich, dass sie nicht leicht übereinstimmen, aber daran ist nichts falsch.

Wenn du jemanden akzeptierst und liebst, wirst du ihn oder sie auch lieben, wenn er nicht mit dir übereinstimmt. Dann wirst du nicht anfangen zu kämpfen, wirst du nicht anfangen, den anderen zu manipulieren. Du versuchst, den Standpunkt des anderen zu verstehen. Und selbst wenn ihr nicht übereinstimmt, könnt ihr zumindest darin übereinstimmen, dass ihr nicht übereinstimmt. Dann gibt es eine tiefere, subtile Übereinstimmung: »Also gut, wir sind uns einig, dass wir uns nicht einig sind. Okay, wir können in diesem Punkt zwar keine Einigung erzielen, aber deswegen brauchen wir uns nicht zu streiten.«

Der Mann kann besser argumentieren. Und zumindest so viel haben die Frauen kapiert: Wenn sie sich aufs Argumentieren einlassen, gewinnt er. Deshalb argumentieren sie nicht, sie zanken. Sie lassen ihre Wut raus, und was sie mit Logik nicht erreichen, erreichen sie mit Ärger. Sie werden stattdessen wütend, und dann denkt sich der Mann natürlich: »Wozu so viel Aufhebens machen wegen einer solchen Kleinigkeit?« und er gibt nach. Aber das ist keine Übereinstimmung, und es wirkt sich blockierend aus für beide.

Höre dir seine Argumente an! Es ist sehr gut möglich, dass er Recht hat. Die halbe Welt, die äußere, objektive Welt, sollte man mit der Vernunft angehen. Immer wenn es um eine Frage der äußeren Welt geht, ist die Wahrscheinlichkeit größer, dass der Mann Recht hat. Immer wenn es um eine Frage der inneren Welt geht, ist die Wahrscheinlichkeit größer, dass die Frau Recht hat, denn dabei geht es nicht um die Vernunft. Wenn ihr ein Auto kaufen wollt, dann hört auf den Mann, und wenn ihr eine Kirche sucht, dann hört auf die Frau.

Mann und Frau sollten zu einem gewissen Einverständnis gelangen, dass der Mann, zumindest was die Welt der Objekte und Dinge betrifft, eher Recht hat und präziser ist. Er funktioniert logischer, wissenschaftlicher, mehr westlich.

Die Frau funktioniert eher intuitiv, mehr östlich, mehr religiös. Es besteht die größere Wahrscheinlichkeit, dass ihre Intuition ihr den richtigen Weg zeigt. Wenn du also eine Kirche suchst, dann folge deiner Frau. Sie hat ein präziseres Gefühl für die Angelegenheiten der Innenwelt. Und wenn du jemanden liebst, entwickelst du mit der Zeit dieses Verständnis. Dann kommt es zu einer stillschweigenden Übereinkunft zwischen den Liebenden, wer wann eher im Recht ist.

Und Liebe ist immer verständnisvoll.

Das weibliche Bewusstsein kann viele Mysterien enthüllen, so wie das männliche Bewusstsein viele Mysterien enthüllen kann. Aber so ähnlich wie es den Konflikt gibt zwischen Wissenschaft und Religion, gibt es den Konflikt zwischen Mann und Frau.

Eines Tages werden wir hoffentlich einmal dahin kommen, dass Mann und Frau sich gegenseitig ergänzen, statt miteinander im Konflikt zu stehen. Und dieser Tag wird der gleiche sein, an dem sich auch Wissenschaft und Religion gegenseitig ergänzen werden. Dann wird die Wissenschaft verständnisvoll auf das hören, was die Religion zu sagen hat, und die Religion wird verständnisvoll auf das hören, was die Wissenschaft zu sagen hat.

Und dann wird es keine Übergriffe geben, weil die beiden Bereiche so grundverschieden sind – die Wissenschaft nach außen gerichtet und die Religion nach innen gerichtet.

Frauen sind meditativer, Männer sind kontemplativer; sie können besser denken. Wenn Denken angesagt ist, dann hört also auf den Mann. Und Frauen können besser fühlen. Wenn Fühlen angesagt ist, dann hört auf die Frau. Und erst beides zusammen, Fühlen und Denken, macht das Leben vollständig.

Wenn du wirklich liebst, wirst du zu einem Yin-Yang-Symbol. Kennst du das chinesische Yin-Yang-Zeichen? Zwei Fische, die in einer tiefen Bewegung zusammentreffen und sich gegenseitig durchdringen, so dass ein Energiekreis geschlossen wird. Mann und Frau, männlich und weiblich, Tag und Nacht, Arbeit und Ruhe, Denken und Fühlen – diese Gegensätze sind sich nicht feindlich gesinnt, sondern ergänzen sich gegenseitig.

Wenn du eine Frau oder einen Mann liebst, wird es euch beiden einen enormen Seinszuwachs bringen. Es macht euch ganz.

Die ganze Existenz ist voll von Empfindsamkeit – und der Mensch ist das höchste Produkt dieser Existenz. Dein Herz, dein Sein ist von Natur aus bereit überzufließen. Du hast es nur versteckt, hast es unterdrückt. Deine Eltern und deine Lehrer haben dir erzählt, du müsstest hart sein, müsstest stark sein, weil die Welt ein einziges Kämpfen ist. Wenn du nicht kämpfen und konkurrieren kannst, bist du ein Niemand. Deshalb gibt es nur ganz wenige Menschen – ein paar Dichter, Maler, Musiker, Bildhauer, die nicht mehr am Wettbewerb dieser Welt teilnehmen und keine Milliarden von Dollars verdienen wollen – sie haben sich eine Spur von Empfindsamkeit bewahrt. Ein Meditierender ist auf dem Weg zum Mystiker – er wird immer empfindsamer. Und je mehr du deine Sensibilität, deine Liebe, deine Freundschaft, dein Mitgefühl mit anderen teilst, umso näher kommst du dem Ziel, ein Mystiker zu werden.

Schon die kleinen Kinder, vor allem die Jungen, schränkt man von Anfang an ein. Man sagt ihnen: »Du darfst nicht weinen.« Man macht das Weinen verächtlich. Nur Frauen dürfen weinen und Tränen vergießen, weil man sie noch nicht ganz für voll nimmt. Sie sind noch so etwas wie Untermenschen, darum dürfen sie weinen. Frauen sind schwach. Sensibilität gilt als Schwäche.

Es gibt zweierlei Arten von Berührung: Die eine ist, wenn ich dich wirklich berühre, und die andere, wenn ich die Berührung im Grunde vermeide. Ich kann deine Hand berühren und gleichzeitig die Berührung vermeiden. Dazu brauche ich in meiner Hand gar nicht präsent zu sein; ich kann mich innerlich zurückziehen. Versuche es mal – es fühlt sich ganz anders an, viel distanzierter. Berühre jemanden mit deiner Hand und ziehe dich innerlich dabei zurück. Die Hand ist wie tot, du bist nicht darin präsent. Und wenn der andere sensibel ist, kann er spüren, dass deine Hand tot ist. Er wird beleidigt sein, denn du machst ihm etwas vor. Du tust so, als würdest du ihn berühren, aber du berührst ihn gar nicht.

Frauen sind darin sehr empfindlich; man kann sie nicht täuschen. Sie haben mehr Sensibilität für Berührung, für Körperberührung. Ihnen ist das vertraut. Der Mann kann die schönsten Dinge sagen – vielleicht bringt er sogar Blumen mit und er sagt: »Ich liebe dich« –, aber seine Berührung zeigt, dass er gar nicht da ist.

Frauen haben ein instinktives Gespür dafür, ob man wirklich da ist oder nicht. Man kann ihnen schwer etwas vormachen.

Wenn ein Kind zur Welt kommt, ist es hilflos. Besonders das Menschenkind ist völlig hilflos. Sein Leben, sein ganzes Überleben hängt von anderen Menschen ab. Und diese Abhängigkeit führt zu einem Tauschhandel. Bei diesem Tauschhandel muss das Kind vieles aufgeben – und seine Empfindsamkeit ist dabei nur eines.

Das Kind ist sehr sensibel, sein ganzer Körper ist empfindsam. Aber es ist hilflos, es kann nicht unabhängig sein. Es ist abhängig von den Eltern, von der Familie, von der Gesellschaft. Es kann nicht anders sein als abhängig.

Durch seine Abhängigkeit, seine Hilflosigkeit können die Eltern und die ganze Gesellschaft dem Kind Dinge aufzwingen, denen es nachgeben muss, weil es sonst nicht überleben würde; es würde sterben. So muss es in diesem Tauschhandel vieles opfern.

Die erste tiefgehende und wichtige Sache, die jedes Kind aufgeben muss, ist seine Sensibilität. Es muss sie zurücklassen – und weshalb? Je empfindsamer das Kind ist, umso mehr Schwierigkeiten bekommt es, umso verletzlicher ist es.

Wenn es bei der geringsten Empfindung zu weinen anfängt, müssen die Eltern sehen, wie sie das Weinen stoppen. Sie sind ohnmächtig. Wenn das Kind bei jeder kleinsten Rührung zu weinen anfängt, ist das lästig. Kinder können sehr lästig fallen, darum versuchen die Eltern, ihnen die Empfindsamkeit abzugewöhnen.

Das Kind muss Widerstand lernen, es muss lernen, sich zu kontrollieren. Und so muss das Kind, sein Bewusstsein spalten: Mit der Zeit wird es viele Empfindungen einfach nicht mehr spüren, weil sie nicht »gut« sind – es wird dafür bestraft.

Der ganze Körper des Kindes vermag Lust zu empfinden. Das Kind empfindet seine Finger als lustvoll, es empfindet den Körper als lustvoll. Sein ganzer Körper ist »erogen«. Das Kind ist ständig beschäftigt, seinen Körper zu erforschen und findet ihn großartig. Bei dieser Erforschung kommt aber der Moment, da das Kind seine Geschlechtsteile entdeckt.

Jetzt beginnt das Problem, denn Vater und Mutter haben vieles verdrängt. Wenn das Kind – ob Junge oder Mädchen – seine Geschlechtsteile berührt, fühlen die Eltern Unbehagen. Das sollte man sich einmal tiefer anschauen. Ihr Verhalten ändert sich plötzlich, und das Kind merkt: Es hat etwas falsch gemacht. Die Eltern tadeln: »Fass das nicht an!« Auf diese Weise bekommt das Kind das Gefühl, dass mit seinen Geschlechtsteilen etwas nicht stimmt. Jetzt fängt es an, die Empfindungen zu unterdrücken. Und gerade die Geschlechtsteile sind ein besonders empfindsamer Teil des Körpers – der sensibelste, vitalste Teil des Körpers, und der verletzlichste.

Sobald du dich nicht mehr am Geschlecht berühren und genießen darfst, wird die Urquelle der Empfindsamkeit in dir abgetötet. So wird das Kind empfindungslos. Je mehr es heranwächst, umso mehr verliert es alle Sensibilität.

Empfindsamkeit ist der Weg, Empfindungslosigkeit das Hindernis. Wenn wir empfindungslos geworden sind, gibt es keinen Weg mehr; dann sind wir verschlossen. Dann gibt es keine Verbindung mehr zwischen unserem innersten Kern und der Existenz. Wir sind fensterlos geworden, wie verkapselt ... Jeder lebt in seiner Kapsel.

Diese Kapsel ist ganz fein und durchsichtig, darum fühlt man sie nicht. Man kann sie nicht sehen, aber mit etwas Aufmerksamkeit wirst du erkennen, dass sie dich komplett umschließt. Es ist so, wie wenn deine Hand in einem Handschuh steckt und du gibst jemand die Hand: Deine Empfindungsfähigkeit ist überdeckt. Du bist völlig eingehüllt in deine Kleider, und wenn du hinaus an die Sonne gehst, können die Sonnenstrahlen nicht bis an deine Haut gelangen.

Oder du benutzt den Schirm, um dich vor Regen zu schützen, doch der Schirm verhindert, dass der

Regen dich berührt. Manchmal ist es gut, den Schirm beiseite zu legen und einfach im Regen zu spazieren und ihn zu spüren. Sei nackt am Strand, nackt im Wald und erlaube Sonne, Luft und Regen, dich zu berühren!

Je empfindsamer du allen Dingen gegenüber wirst, umso mehr wird die göttliche Präsenz dir überall bewusst werden. Im selben Verhältnis, wie du empfindsamer wirst, kannst du auch die Präsenz des Göttlichen spüren.

Je weniger empfindsam du bist, desto weniger wirst du Gott spüren können. Und wenn du keine Empfindsamkeit besitzt, kannst du Gott überhaupt nicht spüren.

Unsere Empfindsamkeit ist abgestumpft. Unsere Eltern hatten Angst, unsere Vorfahren hatten Angst, denn wer empfindsam ist, bewegt sich auf Messers Schneide. Wenn du für Schönheit empfindsam bist, kannst du es nicht auf deine Ehefrau oder deinen Ehemann beschränken, denn Schönheit ist überall. Und davor hatten deine Eltern, haben die Eltern von jedem Angst.

Deine Empfindsamkeit musste abgestumpft werden, man musste sie abtöten, damit du dich auf ein kleines Gefängnis beschränken lässt. Denn sonst hätte man unmöglich die Menschheit zur Monogamie zwingen können.

Du triffst eine Frau, und plötzlich schlägt sie dich in ihren Bann. Du triffst einen Mann und fühlst dich überwältigt – und du vergisst völlig, dass da ein Ehemann auf dich wartet. Schönheit kümmert sich nicht um Ehen, um Ehemänner und Ehefrauen. Sie kennt keine Einschränkungen.

Die Gesellschaft kann aber so nicht leben, denn sie ist noch nicht so reif, dass sie absolute Freiheit gewähren könnte. Und nur in absoluter Freiheit kann deine Empfindsamkeit sich vollkommen entfalten.

Jeder Mensch wird mit Empfindsamkeit geboren, aber bis er stirbt, ist jeder längst abgestumpft. Tatsächlich sterben die Leute schon lange vor ihrem Tod. Die Religionen haben die Menschen dazu gebracht, empfindungslos zu werden, weil Empfindsamkeit etwas so Unzuverlässiges ist. Sie ist wie eine Brise – sie kommt und sie geht wieder, ganz von selbst. Man kann sie nicht festhalten, kann sie nicht einsperren. Deswegen haben die Menschen Angst, dem Weg der Schönheit zu folgen. Sie haben Angst, sich von der Schönheit führen zu lassen.

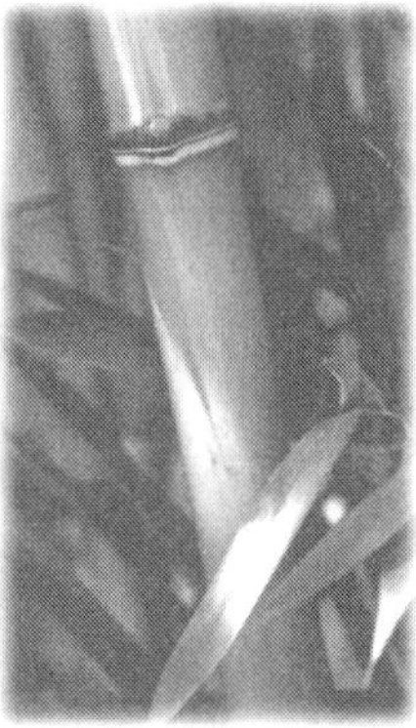

Je empfindsamer du wirst, umso besser wirst du andere verstehen können, besser als je zuvor. Allein vom Gesicht einer Person kannst du viel mehr ablesen, als dieser Mensch von sich selber weiß.

Allein wenn du die Hand von jemandem hältst, erfährst du viel mehr über seine Energie, als er selbst je darüber wusste.

Vielleicht fühlst du im Zusammensein mit jemandem, dass er dir Energie absaugt und du dich allein schon dadurch, dass du mit ihm zusammen bist, erschöpft fühlst. Und mit jemand anderem fühlst du dich vielleicht genährt, fühlst dich gesünder, du fühlst mehr Wohlbefinden.

Empfindsamkeit bedarf großer Intelligenz. Je intelligenter du bist, umso empfindsamer bist du. Büffel sind nicht empfindsam und Esel auch nicht. Man muss intelligent sein, um empfindsam zu sein. Aber die Religionen wollen alle nicht, dass ihr empfindsam seid. Sie haben Angst, ihr könntet anfangen, aus eigener Kraft zu schöpfen. Ein empfindsamer Mensch wird zu einer Kraft, einer ungeheuren Kraftquelle. Er besitzt seine eigene Intelligenz, seine eigene Liebe, seine eigene Sicht der Dinge. Er besitzt eine Klarheit der Wahrnehmung, einen ästhetischen Sinn für Schönheit. All diese Dinge sind gefährlich.

Die Ehefrau will nicht, dass ihr Ehemann für Schönheit empfänglich ist, denn das bedeutet Gefahr. Es gibt so viele schöne Frauen! Es ist besser, alles ästhetische Empfinden zu unterdrücken. Dann bleibt der Ehemann immer ein Pantoffelheld. Genauso will kein Ehemann, dass seine Ehefrau für Schönheit empfänglich ist, denn es gibt ja so viele Männer.

Eine Frau, deren Herz noch schlägt und lebendig ist, eine Frau, die noch Frühlingsgefühle kennt ... das bedeutet Gefahr! Sie könnte sich in jemand anderen verlieben, und dann hast du keine Kontrolle mehr über sie.

Empfindsamkeit kann auf tausendundeine Art ausgedrückt werden, vor allem durch ein liebevolles Wesen. Nicht als Beziehung, sondern als reine, bedingungslose Liebe, die nichts zurück erwartet. Du verströmst einfach dein Herz an andere, selbst an Fremde, weil es so überfließt vor lauter Empfindsamkeit.

Die Wissenschaft sagt heute, du kannst einem Baum die Hand reichen, und wenn du dich ihm als Freund näherst, wirst du die ungeheure Sensibilität des Baumes wahrnehmen.

Es gibt alte, unglaubliche Geschichten, die unmöglich den Tatsachen entsprechen können – aber wer weiß, vielleicht entsprechen sie doch den Tatsachen. So erzählt man sich von Gautama Buddha, dass Bäume, die kein Laub trugen, plötzlich frische Blätter entwickelt hätten, um ihm Schatten zu spenden. Immer wenn er unter einem bestimmten Baum saß, öffneten sich plötzlich Tausende von Blüten und regneten auf ihn herab. Das mag symbolisch gemeint sein, aber es wäre durchaus möglich, dass es wirklich so war. Und was ich sage, wird von der modernen wissenschaftlichen Forschung über Bäume bestätigt.

Der erste indische Nobelpreisträger, Jagdishchandra Bose, hat der wissenschaftlichen Welt bewiesen, dass Bäume nicht tot sind. Dafür hat er den Nobelpreis bekommen. Aber seit Jagdishchandra Bose ist viel passiert. Er wäre sehr glücklich, wenn er sehen könnte, was die Wissenschaftler inzwischen alles herausgefunden haben.

Jetzt gibt es so etwas Ähnliches wie ein Kardiogramm für Bäume. Wenn sich jemand einem Baum mit Liebe im Herzen nähert, beginnt der Baum zu tanzen, auch bei Windstille, und das Kardiogramm wird ganz symmetrisch. Die Kurve auf dem Papier zeigt eine schöne Harmonie.

Wenn du empfindsam wirst für die Welt um dich herum, kannst du deine Empfindsamkeit auch nach innen richten, auf dein inneres Zuhause.

Es ist die gleiche Empfindsamkeit, mit der du dem Gesang einer Nachtigall lauschst oder die Wärme der Sonne spürst oder den Duft einer Blume wahrnimmst. Es ist die gleiche Empfindsamkeit, nur richtest du sie jetzt nach innen.

Jetzt wirst du mit der gleichen Empfindsamkeit dich selber schmecken, wirst dich riechen, wirst dich sehen, wirst dich berühren.

Benutze diese Welt als Sensibilitätstraining. Und vergiss nicht: Wenn du mehr und mehr empfindsam sein kannst, läuft alles seinen richtigen Weg.

Lass dich nicht abstumpfen. Schärfe alle deine Sinne, lass sie von einer frischen, lebendigen, energiegeladenen Qualität sein.

Und habe keine Angst vor dem Leben. Wenn du vor dem Leben Angst hast, wirst du unsensibel, damit niemand dich verletzen kann.

Du lebst in einer völlig irrsinnigen, traurigen Welt. Wenn du es nicht schaffst, dich der Massenpsyche zu entziehen und deine authentische Wirklichkeit zu manifestieren, wirst du in dem Chaos, in dem sich die ganze Welt befindet, untergehen.

Deine Empfindsamkeit kann dir eine ungeheure Hilfe sein, um psychisch gesund zu werden und bei Verstand zu bleiben.

Und wenn du dich weiter in der richtigen Richtung bewegst, kann deine Empfindsamkeit zu deiner Meditation werden – und schließlich zur mystischen Erfahrung deiner Erleuchtung.

Ich will euch eine Geschichte erzählen: Einst weilte Buddha in einem Dorf. Eine Frau kam zu ihm, und sie weinte und heulte und schrie: Ihr Kind, ihr einziges Kind, war plötzlich gestorben! Weil Buddha gerade in dem Dorf war, hatten die Leute gesagt: »Hör auf zu weinen. Geh zu diesem Mann. Man sagt, er habe unendliches Mitgefühl. Wenn er es will, kann er das Kind wieder zum Leben erwecken. Darum weine nicht. Geh zu diesem Buddha.« Die Frau kam mit ihrem toten Kind, und sie weinte und schluchzte, und das ganze Dorf folgte ihr, denn das ganze Dorf war tief berührt. Auch Buddhas Jünger waren berührt. Sie fingen an, im Geiste zu beten, Buddha möge sein Mitgefühl zeigen und das Kind segnen, damit es wieder zum Leben erweckt werde, damit es auferstehe.

Viele von Buddhas Jüngern begannen zu weinen. Die Szene war so berührend, zutiefst bewegend. Alle waren ganz still. Buddha verharrte im Schweigen. Er betrachtete das tote Kind, dann betrachtete er die weinende, schreiende Mutter. Und er sagte zu ihr: »Weine nicht. Du musst nur eines tun, damit dein Kind wieder lebendig wird: Lass das tote Kind hier und geh zurück in die Stadt. Geh in jedes Haus und frage in jeder Familie, ob in diesem

Haus, in dieser Familie je ein Mensch gestorben sei. Und wenn du ein Haus findest, in dem noch nie jemand gestorben ist, dann erbitte dort etwas Essbares, ein wenig Brot oder Reis oder sonst irgendetwas ... Aber nur in einem Haus, in dem noch nie jemand gestorben ist. Und von diesem Brot oder diesem Reis wird dein Kind sofort wieder zum Leben erwachen. Geh nur, vergeude keine Zeit.«

Die Frau war glücklich. Sie fühlte, dass nun ein Wunder geschehen würde. Sie berührte Buddhas Füße und lief ins Dorf, das nicht sehr groß war, nur ein paar Hütten, ein paar Familien. Und sie ging von einer Familie zur anderen und fragte. Doch in jeder Familie sagte man ihr: »Das ist unmöglich. Da gibt es kein einziges Haus – nicht nur in diesem Dorf, sondern nirgendwo auf dieser Erde – da ist kein einziges Haus, in dem noch nie jemand gestorben wäre, in dem die Menschen noch nie den Tod erlebt hätten, und das Unglück und den Schmerz und die Not, die damit einhergehen.«

Nach und nach erkannte die Frau, dass Buddha einen Trick angewandt hatte. Es war unmöglich. Aber die Hoffnung war immer noch vorhanden. So ging sie weiter und fragte überall im ganzen Dorf nach. Ihre Tränen versiegten, ihre Hoffnung starb, und plötzlich fühlte sie eine neuartige Ruhe und Heiterkeit über sich kommen. Da erkannte sie, dass jeder, der geboren wird, einmal sterben muss. Es ist nur eine Frage der Jahre. Der eine stirbt früher, der andere später, aber der Tod ist unvermeidlich.

Sie kehrte zurück, berührte wieder Buddhas Füße und sagte zu ihm: »Es ist, wie die Leute sagen: Du hast wirklich ein tiefes Mitgefühl für die Menschen.« Keiner konnte verstehen, was geschehen war. Buddha gab ihr die Einweihung in Sannyas, und sie wurde seine Schülerin.

Der Jünger Ananda sagte zu Buddha: »Du hättest den Knaben doch wieder zum Leben erwecken können. Er war ein so schönes Kind, und die Mutter war so verzweifelt.« Doch Buddha antwortete: »Selbst wenn das Kind wieder auferstanden wäre, hätte es doch irgendwann sterben müssen. Der Tod ist unvermeidlich.« Ananda sagte: »Du scheinst aber nicht sehr empfindsam für die Leute zu sein, für ihr Unglück und ihr Leid.« Buddha antwortete: »Ich bin empfindsam, aber du bist sentimental. Nur weil du zu weinen anfängst, hältst du dich für empfindsam? Du bist nur kindisch. Du verstehst gar nichts vom Leben. Du hast keine Ahnung von diesem Phänomen.«

Wir können uns gut vorstellen, dass Buddha empfindsamer war als seine Jünger, auch wenn diese weinten und Tränen vergossen. Sie waren bloß sentimental.

Man darf Sentimentalität nicht für Sensibilität halten. Sentimentalität ist gewöhnlich, Sensibilität ist außergewöhnlich. Sie kommt durch eine gewisse Anstrengung, sie ist eine Leistung – etwas, das man sich erst verdienen muss. Sentimentalität braucht man sich nicht zu verdienen, man wird damit geboren. Sie ist ein tierisches Erbe, das in den Zellen des Körpers und im Geist schon vorhanden ist.

Sensibilität ist dein Potenzial. Du hast es noch nicht verwirklicht, doch du kannst es verwirklichen, kannst dafür arbeiten – dann kann es dir geschehen.

Die tiefere Liebe des Herzens ist wie eine Brise, die in dein Zimmer weht, ihre Frische mitbringt, ihre Kühle, und dann wieder verschwindet. Du kannst den Wind nicht in deiner Faust einfangen. Nur ganz wenige Menschen haben den Mut, ein Leben von Augenblick zu Augenblick zu leben, das sich ständig verändert.

Darum entscheiden sich viele lieber dafür, in eine Liebe zu »fallen«, auf die sie sich verlassen können.

Ich weiß nicht, welche Art von Liebe du kennst. Sehr wahrscheinlich die letztere, vielleicht auch die erstere. Eine neue Art von Liebe kann entstehen – aber vielleicht nur bei einem unter Millionen Menschen. Eine solche Liebe könnte man »Seinsliebe« nennen.

Die eine Liebe sollte man Sex nennen. Die andere Liebe sollte man Liebe nennen. Die dritte Liebe sollte man »Seinsliebe« nennen. Sie ist einfach ein liebevolles Wesen, eine ungerichtete Qualität, die von niemandem Besitz ergreift und nicht zulässt, dass irgendjemand von ihr Besitz ergreift. Eine solche Liebesqualität bedeutet eine so radikale Revolution – es ist schwierig, sich das überhaupt vorzustellen.

Macht die Liebe des Menschen frei, macht den Menschen frei vom Besitzdenken! Das kann aber nur geschehen, wenn man durch Meditation sein innerstes Wesen entdeckt. Es geht nicht darum, die freie Liebe zu praktizieren.

Ich sage nicht: »Geh mal heute nacht zur Übung zu einer anderen Frau.« Du kannst dabei nichts gewinnen, du kannst höchstens deine Frau verlieren. Und am nächsten Morgen schaust du dumm aus der Wäsche. Es geht nicht darum, es zu praktizieren, es geht darum, dein wahres Sein zu entdecken.

Mit der Entdeckung deines wahren Seins stellt sich die Qualität der unpersönlichen Seinsliebe als Wesensmerkmal von selbst ein. Dann bist du einfach Liebe. Und diese Seinsliebe breitet sich immer mehr aus – zuerst auf Menschen, dann auf Tiere, Vögel, Bäume, Berge, Sterne – bis zu dem Tag, an dem die ganze Existenz zu deiner Geliebten, deinem Geliebten wird.

Das ist unser Potenzial, und wer es nicht verwirklicht, verschwendet sein Leben. Gewiss, ein paar Dinge wirst du aufgeben müssen, aber die sind wertlos. Du gewinnst so viel, dass du nie wieder an das denkst, was du verloren hast.

Eine reine, unpersönliche Seinsliebe, die sich mit dem Sein eines jeden Menschen verbindet – das ist das Ergebnis, wenn du in Meditation bist, wenn du in Stille bist, wenn du tief in dein wahres Sein eintauchst.

Alle Menschen sind der Liebe wert.

Es ist nicht notwendig, sein ganzes Leben an einen einzigen Menschen gekettet zu sein.

Das ist einer der Gründe, warum alle Menschen auf der ganzen Welt so gelangweilt aussehen.

Du selbst bist für alles verantwortlich – für jeden Tanz, der vor sich geht. Wenn du entspannt bist und loslässt, ist das deine eigene Verantwortung. Wenn du nicht entspannt bist und dir nicht erlaubst, in einem Zustand des Loslassens zu sein, ist auch das deine Verantwortung. Es geht also nicht um zwei verschiedene Dinge, sondern nur um eines: deine Verantwortung.

Nur eines solltest du dir merken: Alles, was dein Herz liebevoller macht, alles, was deine Intelligenz klarer macht, alles, was deine Individualität mehr integriert – das solltest du tun. Alles, was dagegen steht, steht deinem höchsten Wachstum entgegen.

Das sind alles Anzeichen – Seinsliebe, Freundschaft, Mitgefühl, Intelligenz, eine Klarheit der Wahrnehmung –, Anzeichen, dass du dich in der richtigen Dimension bewegst.

In der Qualität des Weiblichen liegt die einzige Hoffnung für die Menschheit – die einzige Hoffnung.

Die Hoffnung liegt nicht in Friedrich Nietzsche, Adolf Hitler, Benito Mussolini; die Hoffnung liegt in Buddha, Chaitanya, Meera – in einer ganz anderen Art von Mensch.

Wir müssen die Männer genauso wie die Frauen zu einer Qualität weiblicher Seinsliebe hinführen.

Man hat meinen Weg als den »Weg des Herzens« bezeichnet, aber das stimmt eigentlich nicht. Das Herz gibt euch alle möglichen Fantasien, Halluzinationen, Illusionen, süße Träume, aber es kann euch niemals die Wahrheit geben.

Die Wahrheit steht darüber: Sie liegt im Bewusstsein – und das ist weder Kopf noch Herz. Doch gerade weil das Bewusstsein von beidem unabhängig ist, kann es beides harmonisch benutzen. Der Kopf ist in manchen Bereichen eine Gefahr, weil er zwar Augen, aber keine Beine hat – er ist verkrüppelt. In manchen Dimensionen funktioniert das Herz besser. Es hat keine Augen, aber Beine. Es ist blind, doch es kann sich mit enormer Geschwindigkeit bewegen – natürlich ohne zu wissen, wohin. Es ist nicht bloß ein Zufall, dass man in allen Sprachen der Welt die Liebe blind nennt. Aber die Liebe ist nicht blind – das Herz hat nur keine Augen!

Wenn eure Meditation tiefer geht und die Identifikation mit dem Kopf und mit dem Herzen sich allmählich auflöst, werdet ihr sehen, wie ihr zu einem Dreieck werdet:

Eure Wirklichkeit ist die dritte Kraft in euch – das Bewusstsein. Es kann leicht die Führung übernehmen, weil Herz und Kopf ihm unterstehen.

Liebe versteht auch wie ein Löwe zu brüllen, Liebe ist nicht bloß süße Poesie. Wenn Liebe nur süße Poesie wäre, könnte sie in dieser irrsinnigen Welt nicht existieren.

Sie muss stark genug sein – stärker als der Hass, stärker als die Wut. Sie muss wie ein Löwengebrüll sein.

Die Initialzündung aller Schöpfung ist der Mann, doch ihm steht keine Gebärmutter zur Verfügung. Allein durch die Initialzündung kommt aber noch kein Leben zustande.

Nur wenn das Leben den Schutz einer Gebärmutter findet, wird es geboren. Alles Übrige - Hormone, Blut und so weiter - liefert der Körper der Frau. Wir vergessen das leicht. Schutz, Entwicklung, Sicherheit - das sind alles Elemente des weiblichen Prinzips.

Der auslösende Funke, die Initialzündung ist ein Element des männlichen Prinzips. Aber schon bald danach langweilt sich der Mann und fängt wieder etwas anderes an.

Zuhören ist eines der grundlegenden Geheimnisse, um in den Tempel Gottes zu gelangen. Zuhören bedeutet Passivität. Zuhören bedeutet, dich selbst völlig zu vergessen – nur dann kannst du zuhören.

Wenn du jemandem aufmerksam zuhörst, vergisst du dich selbst. Wenn du dich nicht vergessen kannst, wirst du nie zuhören können. Wenn du zu sehr mit dir selbst beschäftigt bist, wirst du nur so tun, als ob du zuhörst, aber du hörst nicht zu.

Du wirst vielleicht mit dem Kopf nicken, wirst manchmal ja oder nein sagen – aber du hörst nicht zu.

Wenn du zuhörst, wirst du zu einem reinen Kanal, passiv und empfänglich, zu einer Gebärmutter. Du wirst weiblich. Um zum Göttlichen zu gelangen, muss man weiblich werden. Zu Gott kann man nicht als aggressiver Eindringling, als Eroberer gelangen.

Zu Gott kannst du nur gelangen – oder besser: Gott kann nur zu dir gelangen, wenn du empfänglich bist, empfänglich wie eine Frau. Wenn du *Yin* wirst, empfangend, dann steht die Tür offen. Und du wartest.

Zuhören ist die Kunst, passiv zu werden.

Buddha legte großen Wert auf das Zuhören, Mahavira legte großen Wert auf das Zuhören, Krishnamurti legte immer wieder großen Wert auf das richtige Zuhören.

Deine Ohren sind nichts anderes als ein Kanal – einfach Öffnungen, nichts anderes. Die Ohren sind weiblicher als die Augen; die Augen sind männlicher. Die Ohren sind ein *Yin*-Element; die Augen sind ein *Yang*-Element. Wenn du jemanden anschaust, bist du aggressiv. Wenn du jemandem zuhörst, bist du empfänglich.

Darum gilt es auch als unhöflich, ungesittet, aufdringlich, wenn man jemanden zu lange anschaut. Da gibt es eine bestimmte Grenze – die Psychologen sagen, drei Sekunden. Wenn du einen Menschen drei Sekunden lang anschaust, geht das noch, das kann man tolerieren. Aber länger ... dann ist es kein Schauen mehr, dann ist es ein Starren. Dann beleidigst du den anderen, du bist aufdringlich.

Aber jemandem zuzuhören hat keine Grenzen, denn die Ohren können nicht aufdringlich sein. Sie bleiben immer da, wo sie sind. Die Augen müssen sich erholen. Hast du das schon bemerkt? Nachts müssen sich die Augen erholen, doch die Ohren müssen sich nicht erholen. Sie sind vierundzwanzig

Stunden geöffnet, jahrein, jahraus. Die Augen können nicht mal für ein paar Minuten offen bleiben; sie blinzeln ständig und werden leicht müde. Aggression macht müde, denn Aggression gibt Energie nach außen ab. Deshalb müssen die Augen ständig blinzeln, um sich zu erholen. Sie müssen sich ständig ausruhen. Doch die Ohren sind immer ausgeruht.

Aus diesem Grund haben viele Religionen die Musik als Zugang zur Andacht benutzt – denn Musik macht die Ohren lebendiger, empfindsamer. Man sollte sich mehr auf seine Ohren verlegen und weniger auf seine Augen.

Empfänglichkeit ist ein Zustand des Nicht-Denkens. Wenn du vollkommen leer bist von allen Gedanken, wenn das Bewusstsein ohne Inhalt ist, wenn der Spiegel nichts widerspiegelt – das ist Empfänglichkeit. Empfänglichkeit ist die Tür zum Göttlichen. Gib das Denken auf und sei.

Wenn du im Kopf bist, bist du vom Sein meilenweit entfernt. Je mehr du denkst, desto weniger bist du. Je weniger du denkst, umso mehr bist du. Und wenn du überhaupt nicht denkst, sind das die Augenblicke, in denen das Sein sich in seiner Totalität zeigt.

Empfänglichkeit bedeutet einfach, den Müll fallenzulassen, den du ständig im Kopf mit dir herumträgst. Und da ist viel Müll, völlig nutzlos. Das Denken bedeutet Vergangenheit. Die Vergangenheit ist jetzt nutzlos; sie ist schon geschehen, und sie wird nie wieder geschehen, weil sich in der Wirklichkeit nie etwas wiederholt.

Selbst wenn du denkst oder fühlst, dass die Situation die gleiche sei, ist sie doch nie gleich. Jeder Morgen ist ein neuer Morgen, und jeden Morgen ist die Sonne, die du antriffst, neu.

Ich rede nicht von der physikalischen Sonne. Ich rede von der Schönheit, der Wohltat, dem Segen, den sie jeden Tag aufs Neue bringt – das ist immer neu.

Wenn du ständig Bilder aus der Vergangenheit mit dir herumschleppst, kannst du das Neue nicht sehen. Deine Augen sind getrübt von deinen Erfahrungen, deinen Erwartungen, und mit solchen Augen kannst du nie das sehen, was gerade vor dir steht.

So verpassen wir ständig das Leben. Die Vergangenheit wird zum Hindernis, zu einer Begrenzung, einer Falle, die dich in etwas festhält, was gar nicht mehr existiert. Du bist eingekapselt in das Tote. Und je mehr Erfahrungen du sammelst, je erwachsener du wirst, umso dicker und dicker wird der Panzer von toten Erfahrungen, der dich umgibt. Du verschließt dich immer mehr. Nach und nach verschließen sich alle Fenster, alle Türen. Dann existierst du zwar, aber du bist entfremdet, entwurzelt. Dann bist du nicht mehr in »Kommunion« mit dem Leben, du bist nicht in Kommunion mit den Bäumen und den Sternen und den Bergen. Du kannst nicht in Kommunion sein, weil deine Vergangenheit dich wie eine dicke chinesische Mauer umgibt.

Wenn ich sage, dass du empfänglich werden sollst, meine ich, dass du wieder zum Kind werden sollst.

Erinnere dich, Jesus sagt immer wieder zu seinen Jüngern: »Wenn ihr nicht werdet wie die kleinen Kinder, dann könnt ihr nicht in mein Königreich Gottes kommen.«

Damit meint er genau das, was Empfänglichkeit bedeutet. Das Kind ist empfänglich, weil es nichts weiß. Dadurch, dass es nichts weiß, ist es empfänglich. Ein alter Mensch ist nicht empfänglich, weil er zu viel weiß. Dass er so viel weiß, macht ihn verschlossen.

Er muss neu geboren werden, er muss sterben für das Vergangene und wieder zum Kind werden – natürlich nicht körperlich, aber das Bewusstsein sollte immer wie das eines Kindes sein. Nicht kindisch, wohlgemerkt, sondern kindlich – erwachsen, reif, aber unschuldig.

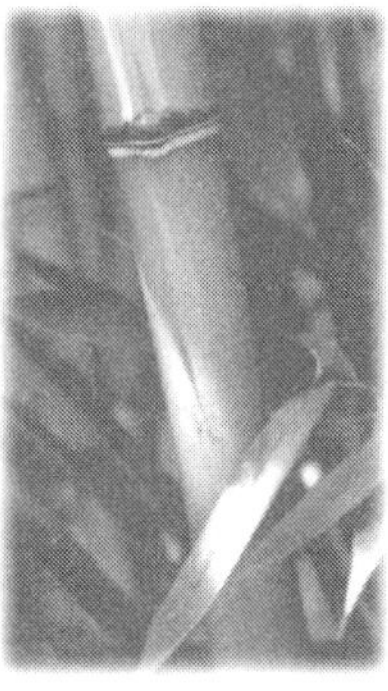

Hörst du den entfernten Ruf des Kuckucks? Hörst du die Vögel zwitschern? Das ist Empfänglichkeit. Ein existenzieller Zustand der Stille, vollkommener Stille. Keine Bewegung, nichts regt sich, und dennoch bist du wach, dennoch schläfst du nicht, dennoch bist du absolut bewusst.

Wo Stille und Bewusstheit sich treffen, miteinander verschmelzen und eins werden, dort ist Empfänglichkeit. Empfänglichkeit ist die wichtigste religiöse Eigenschaft.

Werde zum Kind. Fang an, aus dem Zustand des Nicht-Wissens heraus zu operieren, dann wird die Stille sich von selbst einstellen und mit ihr große Bewusstheit. Dann ist das Leben eine Segnung.

Wenn du weißt – welchen Sinn hätte es dann zu glauben? Glaube ist Unwissenheit. Wenn du etwas weißt, dann weißt du es. Und wenn du nichts weißt, ist es gut zu wissen, dass du nichts weißt. Der Glaube kann dich täuschen. Der Glaube kann ein Klima in deinem Verstand schaffen, dass du anfängst zu denken, du wüsstest etwas, ohne wirklich zu wissen. Glaube ist nicht Vertrauen, und je fester du behauptest, total zu glauben, umso mehr fürchtest du den Zweifel in dir.

Vertrauen kennt keinen Zweifel. Glaube ist bloß unterdrückter Zweifel; er ist ein Wunsch. Man fühlt sich nicht mehr so allein, fühlt sich nicht so ungeschützt, so unsicher – deshalb glaubt man.

Vertrauen ist einfach. Genauso wie ein Kind seiner Mutter vertraut. Es ist nicht so, dass das Kind glaubt. Von Glauben kann noch keine Rede sein. Du selbst warst auch einmal ein kleines Kind. Hast du etwa an deine Mutter geglaubt? Oder hast du ihr vertraut? Da gab es noch keine Zweifel, welchen Sinn hätte dann der Glaube? Glaube kommt erst, wenn Zweifel auftauchen. Zuerst entsteht der Zweifel. Erst dann greifst du den Glauben auf, um den Zweifel zu unterdrücken.

Vertrauen entsteht, wenn der Zweifel verschwindet. Vertrauen existiert, wenn kein Zweifel da ist.

Zum Beispiel das Atmen: Du nimmst einen Atemzug herein, dann atmest du aus, stößt den Atem aus. Hast du etwa Angst vor dem Ausatmen? Denn wer weiß – der Atem könnte nicht wiederkommen! Du hast Vertrauen. Du vertraust darauf, dass der Atem wiederkommt. Eigentlich gibt es keinen Grund zu vertrauen. Welchen Grund gäbe es? Weshalb sollte der Atem wiederkommen? Du kannst höchstens sagen, in der Vergangenheit sei es so gewesen – aber eine Garantie hast du nicht. In der Zukunft ist es vielleicht nicht so. Wenn du Angst hast auszuatmen, weil der Atem vielleicht nicht wiederkommt, wirst du deinen Atem zurückhalten.

Das bedeutet Glauben – ein Zurückhalten, ein Festhalten. Wenn du den Atem zurückhältst, wird dein Gesicht rot anlaufen und du wirst das Gefühl haben zu ersticken. Und wenn du das längere Zeit machst, stirbst du.

Aller Glaube ist erstickend. Und aller Glaube hilft dir, nicht wirklich lebendig zu sein.

Wenn du ausatmest, vertraust du dem Leben. Das buddhistische Wort Nirvana bedeutet einfach »ausatmen«, den Atem ausstoßen – im Vertrauen. Vertrauen ist eine ganz unschuldige Sache. Glaube kommt vom Kopf, Vertrauen vom Herzen.

Man vertraut einfach dem Leben, weil man vom Leben herkommt, im Leben lebt und wieder zum Ursprung zurückkehrt. Da ist keine Angst. Du wurdest geboren, du lebst, du wirst sterben – da ist keine Angst. Du wirst wiedergeboren werden, wirst wieder leben, wirst sterben. Dieselbe Lebensquelle, die dir das Leben geschenkt hat, wird dir immer neues Leben schenken. Warum also Angst haben? Warum sich am Glauben festhalten?

Jeder Glaube stammt vom Menschen; Vertrauen stammt von Gott. Glaubenssätze sind Philosophie; Vertrauen hat nichts mit philosophischen Grundsätzen zu tun. Vertrauen beweist, dass man die Liebe kennt. Es ist kein Konzept über Gott, der da irgendwo oben am Himmel sitzt und alles lenkt und manipuliert. Vertrauen kann ohne Gott auskommen.

Dieses unendliche Leben, diese Totalität ist mehr als genug. In dem Moment, wo du vertraust, entspannst du dich.

An etwas festzuhalten, was auch immer es sei, beweist Misstrauen. Wenn du eine Frau, einen Mann liebst und dich festklammerst, zeigt das bloß, dass du nicht vertraust.

Wenn du eine Frau liebst und zu ihr sagst: »Wirst du mich morgen auch noch lieben?«, dann hast du kein Vertrauen. Wenn du zum Standesamt gehst, um zu heiraten, dann hast du kein Vertrauen. Dann hast du mehr Vertrauen in das Standesamt, in die Gerichtsbarkeit, in die Gesetze als in die Liebe.

Du triffst Vorkehrungen für morgen. Wenn die Frau, der Mann, dich morgen betrügt oder im Stich lässt, kannst du mit der Unterstützung der Gerichtsbarkeit rechnen. Das Gesetz ist auf deiner Seite, und die ganze Gesellschaft wird dich unterstützen. Darum siehst du dich vor, aus Angst.

Wenn du aber wirklich liebst, ist die Liebe genug, mehr als genug. Wen kümmert schon das Morgen?

Vertrauen öffnet die Augen. Vertrauen hat nichts zu verlieren. Vertrauen bedeutet: Was auch immer wirklich ist, ist wirklich.

Ich kann meine eigenen Wünsche und Sehnsüchte beiseite lassen. Sie machen keinen Unterschied für die Wirklichkeit.

Sie lenken höchstens meinen Verstand von der Wirklichkeit ab.

Es ist einfacher, Wissen zu besitzen - sehr billig, es kostet nichts. Aber es ist sehr schwierig und mühsam, zur Erkenntnis zu gelangen.

Darum bemühen sich nur sehr wenige, vereinzelte Menschen um Meditation, bemühen sich sehr wenige um das Beten, und ganz wenige unternehmen Anstrengungen, um die Wahrheit herauszufinden.

Doch alles, was man nicht aus sich selbst heraus weiß, ist bedeutungslos. Man kann sich dessen niemals sicher sein. Der Zweifel verschwindet nie. Der Zweifel nagt wie ein Wurm im Untergrund und sabotiert dein Wissen. Selbst wenn du laut ausriefest, dass du an Gott glaubst, würde dein Rufen überhaupt nichts beweisen.

Dein Rufen beweist nur eines: Da sind Zweifel. Nur der Zweifel ruft so laut. Du kannst zu einem fanatischen Gläubigen werden, doch dein Fanatismus beweist nichts anderes, als dass Zweifel da ist.

Wenn ein Kind zum ersten Mal anfängt zu laufen, ist ein ungeheures Vertrauen in ihm, dass es laufen kann. Keiner hat es ihm beigebracht. Es hat nur andere laufen gesehen, das ist alles. Wie kommt das Kind zu diesem Schluss: »Ich kann laufen«? Es ist noch so klein, und alle sind so groß, riesig im Vergleich zu ihm.

Und es weiß, dass es immer hinfällt, wenn es aufsteht – aber es probiert es trotzdem. Das Vertrauen ist uns mitgegeben, es steckt in jeder Lebenszelle. So versucht das Kind zu laufen, und es wird oft hinfallen, aber immer und immer wieder probiert es.

Und eines Tages siegt das Vertrauen, und das Kind beginnt zu laufen.

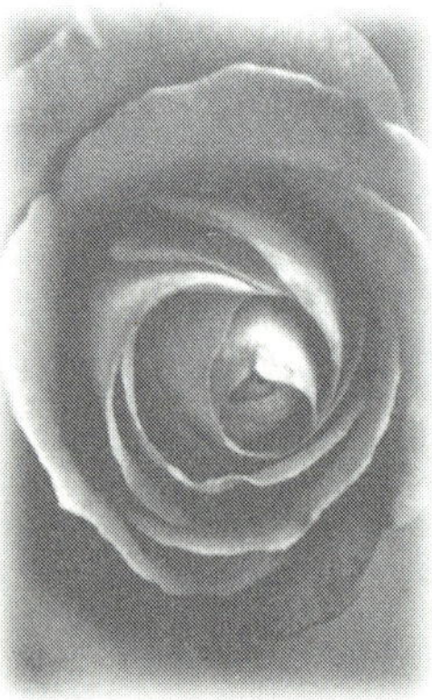

Gesellschaft, Zivilisation, Kultur, Kirche – sie alle zwingen das kleine Kind zur Logik. Sie alle versuchen, seine Energie im Kopf zu konzentrieren. Wenn die Energie erst einmal im Kopf konzentriert ist, wird es sehr schwierig, ins Herz zu fallen. Dabei wird jedes Kind mit immenser Liebesenergie geboren; es entsteht ja aus Liebesenergie.

Das Kind ist voller Liebe und Vertrauen. Hast du schon mal einem kleinen Kind in die Augen geschaut? Wie vertrauensvoll! Ein Kind vertraut allem – es wird mit einer Schlange spielen, es wird mit jedem mitgehen. Ein Kind wird so nahe ans Feuer gehen, dass es gefährlich wird – denn es hat noch nicht zweifeln gelernt.

Aber wir lehren es den Zweifel, lehren Skepsis, lehren Logik. Es erscheint uns überlebensnotwendig. Wir lehren die Angst, lehren Vorsicht, lehren Umsicht – und das alles zusammen tötet jede Möglichkeit für die Liebe.

So lernen die Menschen mit der Zeit zu misstrauen, und sie werden zu chronischen Zweiflern. Und es geschieht so langsam, in so kleinen Dosen, dass dir nie bewusst wird, was eigentlich mit dir geschieht.

Wenn du es merkst, ist es schon zu spät. Aber die Leute nennen es »Erfahrung«. Sie nennen denjenigen »erfahren«, der den Kontakt zu seinem Herzen verloren hat. Sie sagen dann, er sei ein sehr erfahrener Mensch, sehr klug, sehr clever – ihm könne keiner etwas vormachen!

Mag sein, dass ihm keiner etwas vormachen kann, aber er hat sich selbst etwas vorgemacht.
Er hat alles verloren, was wertvoll war. Er hat alles verloren.

Wir wissen, wie man etwas zustande bringt. Das ist die positive, aggressive, männliche Vorgehensweise. Es gibt noch eine andere Methode, die subtiler, anmutiger, weiblicher ist – ein Zustand des Loslassens, ein Zustand der Hingabe, in dem du das Leben durch dich hindurch fließen lässt. Das bedeutet Tun durch Nichttun. In gewissem Sinn ist es negativ, passiv, weil du nichts aktiv »tust«.

Im Stillsitzen und Nichtstun kommt der Frühling, und das Gras wächst von allein. Das ist das Geheimnis wahrer Meditation: Sitze still, tue gar nichts. Warte ... warte geduldig.

Warte in tiefem Vertrauen, dass der Existenz etwas an dir liegt und dass du, wenn du dafür bereit und reif geworden bist, mit Liebe erfüllt werden wirst – dass die Liebe dich überfluten wird.

Der Frühling kommt ... das heißt, es gibt für alles eine Jahreszeit. Du kannst es nicht vor seiner Zeit haben. Erst musst du eine gewisse Reife erlangen.

In der Gebärmutter wartet das Ei der Frau, es geht nirgendwohin. Doch die männliche Samenzelle wandert, und sie wandert schnell. Es ist eine enorme Distanz, die die männliche Samenzelle überwinden muss, um zum weiblichen Ei zu gelangen. Ein großes Wettrennen beginnt. Die Männer konkurrieren schon von Anfang an, noch ehe sie geboren werden.

Wenn der Mann mit der Frau Liebe macht, setzt er Millionen Samenzellen frei, die alle auf das Ei losstürzen. Sie müssen sehr schnell sein, denn nur einer bekommt das Ei, nicht alle. Nur einer bekommt den Nobelpreis! Da fangen die wahren olympischen Wettkämpfe an. Und es nicht etwas Gewöhnliches, es geht um Leben und Tod! Die Konkurrenz ist riesig – Millionen von Samenzellen, die sich anrempeln und abstrampeln – und nur einer kommt ans Ziel.

Manchmal passiert es, dass zwei gleichzeitig ankommen, und dann gibt es Zwillinge. Denn sobald eine Samenzelle eindringt, geht die Tür zu, aber manchmal kommen zwei Samenzellen genau gleichzeitig an, oder drei kommen gleichzeitig an. Die Tür war offen, und alle drei konnten eintreten. Dann werden drei Kinder geboren – oder zwei Kinder oder vier oder gar sechs. Aber das ist selten.

Normalerweise kommt eine Samenzelle einen Sekundenbruchteil früher an als die anderen. Die Tür ist offen, und sobald der Gast eintritt, schließt sie sich.

Doch das weibliche Ei ist einfach da und wartet. Solch ein Vertrauen! Darum sind Frauen ihrem Wesen nach nicht konkurrierend; sie können nicht gut kämpfen, können sich nicht gut gegen andere durchsetzen. Und wenn ihr irgendwo eine Frau seht, die kämpft und konkurriert und andere auszustechen versucht, dann fehlt ihr etwas an Weiblichkeit. Sie mag physisch eine Frau sein, aber psychisch ist sie ein Mann.

Merke dir also: Passivität ist nicht Trägheit. Passivität ist ein Aktivsein besonderer Art. Es macht sich keinen Stress, es ist entspannt.

Zwei Schildkröten schleppen sich durch die Wüste, und sie sind sehr durstig. Nach einer Weile finden sie eine große Coca-Cola-Flasche – es müssen amerikanische Schildkröten gewesen sein! Sie machen vor Freude einen Luftsprung, doch bald wird ihnen klar, dass ihnen der Flaschenöffner fehlt. Sie probieren alles, aber die Flasche geht nicht auf. Also beschließen sie, dass eine in den nächste Ort zurückgehen soll, während die andere auf die Flasche aufpasst.

Es vergeht eine lange Zeit – fünf Stunden, zehn Stunden, ein Tag, zwei Tage, fünf Tage, sieben Tage. Schließlich probiert die eine Schildkröte wieder, ob sie nicht die Flasche aufkriegt.

Da taucht sofort die andere hinter einer Sanddüne auf und schreit: »Also, wenn du schon so anfängst, gehe ich auf keinen Fall!«

Frauen können warten, sie können unendlich lange warten. Ihre Geduld ist grenzenlos. So muss es auch sein, denn sie müssen das Kind neun Monate lang austragen. Es wird jeden Tag schwerer und schwerer und schwerer, und alles wird immer schwieriger.

Die Frau muss Geduld haben und warten, sie kann nichts daran ändern. Und sie muss ihre Bürde auch noch lieben, und sie muss warten und träumen, bis das Kind geboren wird. Und wenn man sich eine werdende Mutter anschaut, eine Frau, die bald Mutter wird, sieht man: Sie wird immer schöner, sie blüht auf in ihrem Warten. Sie hat eine neue Anmut, ist umgeben von einer besonderen Aura, weil sie Mutter wird:

Sie ist jetzt auf ihrem Höhepunkt. Die wichtigste Aufgabe, wofür ihr Körper von Natur aus gemacht ist, wird jetzt erfüllt. Nun kommt etwas zum Blühen, bald steht die Frau in voller Blüte.

Viele Menschen erkennen erst, dass sie gelebt haben, wenn sie sterben. Während sie am Leben waren, haben sie so viele Dinge zu erledigen gehabt, dass sie ganz vergessen haben zu leben.

Sie erinnern sich erst wieder, wenn ihnen klar wird, dass sie nur noch ein paar Atemzüge haben – das Herz wird schwächer, nur noch ein paar Schläge.

In diesem Moment kommt ihnen die große Erkenntnis: »Was war ich nur für ein Narr! Das ganze Leben ist einfach an mir vorübergegangen! Ich habe seinen Wein nicht gekostet, habe seine Früchte nicht gekostet, ja, ich kenne nicht mal seinen Duft. Was war denn da? Und jetzt ist es zu spät!«

Die bloße Vorstellung von Gott als Person ist ein Unsinn. Es existiert nirgendwo ein Gott als Person, und all diese Tempel, Moscheen, Synagogen und Kirchen sind leer, errichtet von findigen Priestern – aber mit Religion haben sie nichts zu tun.

Khalil Gibran hat Recht, wenn er sagt, unser tägliches Leben sei unser Tempel. Wenn du diese einfache Tatsache akzeptierst, dass dein tägliches Leben dein Tempel und deine Religion ist, wenn du diese simple Tatsache wirklich verstehst, wird es eine große Transformation geben. Dann kannst du vieles, was du immer getan hast, nicht mehr tun, denn in jedem Augenblick hast du mit Gott zu tun.

Dann kannst du deine Kunden nicht mehr betrügen, kannst deine Kinder nicht behandeln, als wären sie dein Besitz, denn sie sind Gott näher als du. Ihre Unschuld ist eine Brücke; dein Wissen ist eine Mauer, eine Chinesische Mauer. Dann kannst du mit den Kindern nur noch respektvoll umgehen. Dann kannst du nicht mehr in der alten Art und Weise handeln, denn all dein Tun findet im Innern des Tempels statt, und jede deiner Handlungen ist ein Gebet.

In jedem Augenblick ist Gott um dich herum. Seine Gegenwart kannst du spüren in deiner Frau, in deinem Mann, in deinem Freund, in deinem Feind, denn außer Gott gibt es niemanden.

Das ganze Leben zu einem Tempel zu machen und das ganze Leben zur Religion, das ist für den wahren Sucher der einzige Weg.

Er geht nicht hin und schaut in den heiligen Büchern nach. Bücher sind Bücher. Kein Buch ist heilig und kein Buch ist unheilig. Du kannst sie lesen, wenn du die Poesie genießen willst, du kannst sie lesen, wenn du ihre Prosa genießen willst, du kannst sie lesen, wenn du ihre Mythen genießen willst – aber denke daran: Kein Buch kann dir je den Geschmack von Religion geben.

Eine Blume, ja, die vermag das vielleicht. Ein Vogel im Flug, der kann das vielleicht, oder ein Baum, der hoch hinaus wächst und in der Sonne tanzt, der kann das vielleicht. Dann wird die ganze Existenz zu deinem heiligen Buch. Du liest darin, du hörst ihm zu, und allmählich wird dir bewusst, dass eine Energie um dich herum anwesend ist, die dir vorher völlig unbewusst war.

Es ist fast so wie bei einem Fisch, der keine Ahnung vom Meer hat, weil er im Meer geboren wurde, im Meer lebt und eines Tages im Meer sterben wird. Er gehört zum Meer wie die Welle, aber er hat keine Ahnung vom Meer. Der Fisch erkennt das Meer erst, wenn er vom Fischer herausgezogen und am

Ufer in den heißen Sand geworfen wird. Dann weiß er plötzlich, dass er seine wahre Heimat verloren hat, von der er gar nichts ahnte. Jetzt, wo er durstig ist, versucht auf jede mögliche Weise, wieder zum Meer zurückzugelangen, um hineinzuspringen. Erst außerhalb des Meeres wird ihm bewusst, was er verpasst hat.

Erst zum Zeitpunkt des Todes werden die Menschen sich bewusst, was sie verpasst haben, denn der Tod kommt wie ein Fischer, der dich aus dem Meer des Lebens herauszieht. Während er dich aus dem Leben herausfischt, erkennst du plötzlich: »Mein Gott! Ich habe gelebt, und es war mir nie bewusst! Ich hätte tanzen können, ich hätte lieben können, ich hätte singen können – aber jetzt ist es zu spät!« Erst zu dem Zeitpunkt, da sie sterben, werden die Menschen sich bewusst, dass sie schon immer in der ewigen Lebensenergie geschwommen sind, aber nie daran teilgenommen haben.

Dein tägliches Leben ist dein Tempel und deine Religion. Handle achtsam, handle bewusst, dann wird sich vieles auf natürliche Weise ändern.

Ich habe keine Philosophie der Gewaltlosigkeit, nur eine Lebensweise, die man »Ehrfurcht vor dem Leben« nennen könnte. Und das ist eine völlig andere Betrachtungsweise.

Gewaltlosigkeit bedeutet im Grunde nur, niemanden zu töten. Aber denkst du, das ist genug? Es ist lediglich eine negative Aussage: Töte niemanden, füge keinem anderen Schaden zu. Ist das genug? Ehrfurcht vor dem Leben bedeutet zu teilen, deine Freude zu geben, deine Liebe, deinen Frieden, deine Seligkeit zu teilen. Alles zu teilen, was du zu geben hast.

Wenn du Ehrfurcht gegenüber dem Leben hast, wird es zur Andacht. Dann wirst du Gott überall am Leben spüren.

Dann ist es Andacht, wenn du einen Baum betrachtest. Dann ist es Andacht, wenn du einen Gast bewirtest. Und du verpflichtest dadurch niemanden, denn du machst es nicht als Dienst an anderen. Du tust es, weil es dir einfach Freude macht.

Jedes Neugeborene ist so schön, aber es wird hässlich, denn während es heranwächst, lernt das Kind, wie man konkurrenzsüchtig, neidisch, eifersüchtig, gewalttätig, destruktiv, aggressiv ist. Nach und nach verliert es völlig den Kontakt zum Leben, denn es verliert die Ehrfurcht vor dem Leben.

Wenn du mich fragst, würde ich sagen: Religion ist Ehrfurcht vor dem Leben. Und wer keine Ehrfurcht vor dem Leben hat, kann sich nicht vorstellen, dass alles in dieser ganzen Existenz – die Bäume, die Vögel, die Tiere – nur verschiedene Ausdrucksformen ein und derselben Energie sind.

Ursprünglich sind wir Menschen Brüder und Schwestern der Tiere, Vögel, Bäume. Und sobald du anfängst, ein Gefühl für diese Bruderschaft, diese Schwesternschaft zu bekommen, bekommst du den ersten Geschmack von dem, was Religion ist.

Kein Mensch ist eine Insel; wir alle sind Teile eines riesigen Kontinents. Da gibt es Vielfalt, aber das macht uns nicht getrennt. Vielfalt macht das Leben reicher – ein Teil von uns ist im Himalaja, ein Teil von uns ist in den Sternen, ein Teil von uns ist in den Rosen. Ein Teil von uns ist im Vogel in der Luft, ein Teil von uns ist im Grün der Bäume. Wir breiten uns überallhin aus.

Die Erfahrung dieser Wirklichkeit zu machen, wird deine ganze Lebenseinstellung verwandeln, wird jede deiner Handlungen verwandeln, wird dein ganzes Sein verwandeln.

Es wird dich mit Liebe erfüllen, es wird dich mit Ehrfurcht vor dem Leben erfüllen. Zum ersten Mal wirst du wahrhaftig religiös sein – kein Christ, kein Hindu, kein Muslim, sondern wirklich und wahrhaftig religiös.

Das Wort »Religion« ist wunderbar. Es stammt aus einer Wurzel, die bedeutet: »jene zusammenbringen, die in ihrer Unwissenheit auseinander gefallen sind« – sie zusammenführen und aufwecken, damit sie sehen können, dass sie nicht getrennt sind.

Dann kannst du nicht mal einem Baum weh tun. Dann werden dein Mitgefühl und deine Liebe einfach spontan sein – nicht einstudiert, nicht durch Disziplin erworben. Liebe als Disziplin ist falsch.

Gewaltlosigkeit als kultivierte Eigenschaft ist falsch. Mitgefühl als Übung ist falsch. Wenn sie sich jedoch spontan einstellen, ohne jede Anstrengung von deiner Seite, dann besitzen sie eine Wirklichkeit von solcher exquisiten Tiefe ...

Im Namen der Religion sind so viele Verbrechen der Vergangenheit begangen worden. Die so genannten religiösen Leute haben mehr Menschen getötet als sonst irgendjemand. Alle diese Religionen waren mit Sicherheit unecht, vorgetäuscht.

Wahre Religion muss erst noch geboren werden.

Hast du je einen Augenblick der Liebe, des Gebets, der Seligkeit erlebt? Mir ist noch nie jemand begegnet, der so arm wäre. Hast du nicht schon in der Stille der Nacht gelauscht? Und warst verzaubert von ihr, berührt von ihr, verwandelt von ihr? Hast du nicht schon den Sonnenaufgang am Horizont gesehen? Hast du nicht schon eine tiefe Verwandtschaft mit der aufgehenden Sonne verspürt?

Hast du nicht gefühlt, dass mehr Leben in dir fließt und von überallher auf dich einströmt? Vielleicht war es nur ein kurzer Moment ... Hast du nicht die Hand eines Menschen gehalten, und etwas floss von dir zu ihm und von ihm zu dir? Hast du nicht schon erlebt, wie es ist, wenn zwei menschliche Energiekreise sich überlappen und ineinander fließen?

Hast du nicht schon eine Rosenblüte gesehen und ihren Duft gerochen? – Mit einem Mal fühlst du dich in eine andere Welt versetzt!

Das sind Augenblicke des Gebets.

Und wenn jedes Kind von Anfang an mit dieser Ehrfurcht vor dem Leben aufwächst - vor den Bäumen mit ihrer Lebendigkeit, vor den Säugetieren, den Vögeln - meint ihr, ein solches Kind könnte eines Tages zum Mörder werden? Es ist nahezu unvorstellbar.

Und wenn das Leben fröhlich wäre, voller Lieder und Tänze, meint ihr, irgendjemand würde dann noch Selbstmord begehen wollen? Neunzig Prozent aller Verbrechen würden automatisch verschwinden. Höchstens zehn Prozent der Verbrechen würden vielleicht noch übrig bleiben - die erblich Bedingten, die in die Klinik gehören, aber nicht ins Gefängnis oder in den Kerker oder in die Todeszelle.

Das alles ist so hässlich, so unmenschlich, so irrsinnig.

Ehrfurcht vor dem Leben bedeutet nicht nur Ehrfurcht vor dem Leben anderer.

Es beinhaltet auch die Ehrfurcht vor deinem eigenen Leben.

Das Leben sollte Tiefe haben, und Ehrfurcht vor dem Leben sollte die einzige Religion auf der Welt sein. Dann gäbe es keine Spaltung mehr, und die Menschen würden geheilt werden.

Das ist eine große Herausforderung für die zukünftige Menschheit.

Darum betone ich es immer wieder: Wir müssen völlig mit der Vergangenheit brechen. Sie war durch und durch krank. Die Menschen haben ein total krankes Leben gelebt, weil sie eine total kranke Philosophie geschaffen und diese total ernsthaft befolgt haben. Mit dieser Krankheit müssen wir brechen – so angesehen und uralt sie auch sein mag.

Wir müssen den Menschen in seiner Ganzheit wieder entdecken. Und das ist nur möglich, wenn wir Ehrfurcht mit Verspieltheit verbinden, wenn Spiel etwas zutiefst Ehrfürchtiges wird und Ehrfurcht nicht zur Abtötung und Entsagung führt, sondern zur Freude, zum Tanzen und Feiern.

Wahre Dankbarkeit findet keine Worte, um sich auszudrücken.

Dankbarkeit, die Worte zu finden vermag, um sich auszudrücken, ist bloß eine Formalität – denn alles, was du im Herzen fühlst, geht über Worte, Begriffe, Sprache hinaus.

Du kannst es leben, deine Augen können es ausstrahlen. Du kannst es als Duft deines ganzen Wesens verströmen. Es kann als Musik aus deiner Stille kommen, aber sagen kannst du es nicht. Sobald du es sagst, ist das Wesentliche sofort gestorben.

Worte können nur Leichen transportieren, aber keine lebendigen Erfahrungen.

Dankbarkeit hat kein äußeres Objekt und auch kein inneres Objekt. Dankbarkeit ist eher wie der Duft, den eine Blume verströmt. Sie ist eine Erfahrung, die an niemanden gerichtet ist.

Wenn du zum Ursprung deines Seins gelangst, wo der totale Frühling in dir ausbricht und Blumen auf dich herabregnen, fühlst du plötzlich eine Dankbarkeit, die an niemanden gerichtet ist.

Es ist wie ein Duft, der aus dir herausströmt, wie Räucherwerk, das Kräusel von Rauch und Duft in den unbekannten Himmel entsendet und sich darin auflöst.

Für mich ist Dankbarkeit die großartigste Erfahrung, die ein Mensch haben kann - nicht zu Gott, nicht zu jemand Bestimmtem ... Einfach Dankbarkeit für diese ganze Existenz.

Die Vögel, die schönen Bäume, die ganze Existenz ist so schön! Wer da keine Dankbarkeit spürt, muss blind sein, unwissend und unbewusst.

Dieses Universum ist dein Zuhause. Aus diesem Universum kommst du, und in dieses Universum kehrst du wieder zurück. Beten ist ohne Bedeutung. Allein Dankbarkeit ... Und du musst noch nicht einmal Worte gebrauchen. Einfach das Gefühl der Dankbarkeit ...

Das Gefühl von Dankbarkeit wird aber nur entstehen, wenn du die Mysterien erfahren hast, die ganze Pracht und Herrlichkeit des Blumengartens, der dir geschenkt wurde. Und du hast nicht mal darum gebeten! Du hast es überhaupt nicht verdient, du hast nichts dafür getan. Es ist ein absolutes Geschenk, aus der Fülle der Existenz selbst.

Die Existenz ist so voll, so schwer beladen von dieser Herrlichkeit, die sie mit dir teilen will. Sie kann sie nicht teilen, solange du nicht in der Mitte deines Seins ruhst. Sie kann ihre Geheimnisse nur mit einem Buddha teilen. Doch dir steht jede Gelegenheit offen, ein Buddha zu werden.

Wir wissen, was Leidenschaft, *passion,* ist, deshalb ist es nicht allzu schwer zu verstehen, was Mitgefühl, *compassion,* sein könnte.

Leidenschaft ist eine Art biologisches Fieber; sie ist heiß. Du bist geradezu besessen von einer unbewussten, biologischen Energie. Du bist nicht mehr dein eigener Herr und Meister, du bist ein Sklave.

Mitgefühl bedeutet, dass du die Biologie, die Physiologie transzendierst. Du bist nicht mehr der Sklave; du wirst zum Meister. Jetzt funktionierst du ganz bewusst. Du bist nicht mehr ein Spielball unbewusster Kräfte.

Jetzt kannst du selbst entscheiden, was du mit deiner Energie machen willst. Du bist völlig frei. Dann wird dieselbe Energie, die zuvor Leidenschaft war, sich in Mitgefühl verwandeln.

Leidenschaft ist Lust, Mitgefühl ist Liebe. Leidenschaft ist Begierde, Mitgefühl ist Wunschlosigkeit. Leidenschaft ist Gier, Mitgefühl ist Geben und Teilen. Leidenschaft will den anderen als Mittel zum Zweck, Mitgefühl respektiert den anderen um seiner selbst willen. Leidenschaft hält dich an die Erde gefesselt, an den Schlamm, und aus dir wird nie ein Lotos.

Mitgefühl macht dich zum Lotos. Du fängst an, über die schlammige Welt des Begehrens, der Gier und Wut hinauszuwachsen. Mitgefühl ist eine Transformation deiner Energien.

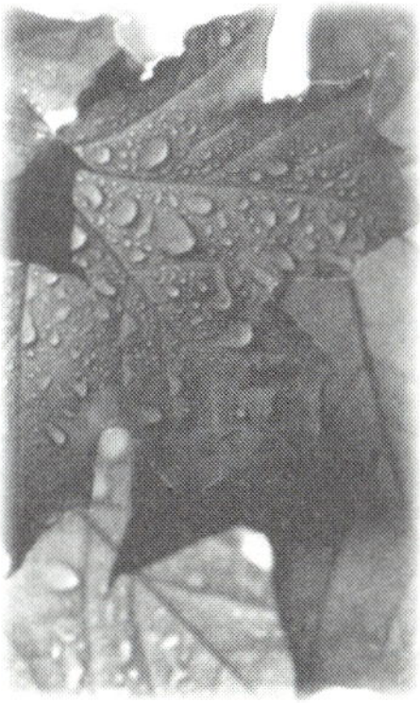

Ja, nur Mitgefühl ist therapeutisch. Denn alles Kranke im Menschen ist krank durch einen Mangel an Liebe. Alles, was mit dem Menschen falsch gelaufen ist, hängt irgendwie mit Liebe zusammen. Er hat nicht lieben können, hat keine Liebe empfangen, hat sein Wesen mit niemandem teilen können. Darin besteht das Unglück. Das hat alle möglichen inneren Komplexe hervorgerufen.

Diese inneren Wunden können sich auf mannigfache Art äußern: Sie können zu körperlicher Krankheit werden, sie können zu psychischer Krankheit werden. Aber im tiefsten Inneren leiden die Menschen unter einem Mangel an Liebe.

Genauso wie der Körper Nahrung braucht, braucht die Seele Liebe. Der Körper kann ohne Nahrung nicht überleben, und die Seele kann ohne Liebe nicht überleben. Oder vielmehr kann die Seele ohne Liebe gar nicht geboren werden, geschweige denn überleben.

Nur durch die Liebe kannst du fühlen, dass du mehr bist als dein Körper, mehr als dein Verstand.

Deshalb sage ich: Mitgefühl ist therapeutisch. Was ist Mitgefühl? Mitgefühl ist die reinste Form von Liebe. Sex ist die niedrigste Form, Mitgefühl die höchste Form von Liebe. Beim Sex ist der Kontakt in erster Linie körperlich. Beim Mitgefühl ist der Kontakt in erster Linie spirituell. In der Liebe vermischen sich Mitgefühl und Sex, vermischen sich Körperliches und Spirituelles. Liebe liegt in der Mitte zwischen Sex und Mitgefühl.

Man könnte Mitgefühl auch Andacht nennen, man könnte es auch Meditation nennen. Die höchste Energieform ist Mitgefühl. Das englische Wort für Mitgefühl, *compassion,* ist sehr schön: Zur Hälfte ist es *passion,* Leidenschaft - nur hat diese Leidenschaft sich so sehr verfeinert, dass sie gar nicht mehr wie Leidenschaft ist. Sie ist zu Mitgefühl geworden.

Eines musst du verstehen: Wer mitfühlend sein will, muss in erster Linie Mitgefühl für sich selbst haben. Wenn du dich selbst nicht liebst, kannst du auch niemand anderen lieben. Wenn du nicht freundlich zu dir selbst bist, kannst du auch nicht freundlich zu irgendjemand anderem sein. Diese so genannten Heiligen, die so extrem hart mit sich selbst umgehen, sind nur Heuchler, die so tun, als würden sie zu anderen freundlich sein.

Das ist aber nicht möglich; von der Psychologie her ist das nicht möglich. Wenn du zu dir selbst nicht freundlich sein kannst, wie kannst du zu anderen freundlich sein?

So wie du mit dir selbst umgehst, wirst du auch mit anderen umgehen. Das ist grundlegend. Wenn du dich selbst hasst, wirst du auch andere hassen. Und man hat dir beigebracht, dich selbst zu hassen.

Keiner hat je zu dir gesagt: »Liebe dich selbst!« Der bloße Gedanke erscheint absurd – sich selbst lieben? Der bloße Gedanke macht keinen Sinn – sich selbst lieben? Wir denken immer, um zu lieben braucht man jemand anderen.

Aber wenn du es mit dir selbst nicht gelernt hast, kannst du es auch nicht mit anderen praktizieren.

Solange das Mitgefühl noch nicht in dir eingekehrt ist, darfst du nicht denken, dass du richtig gelebt hast oder dass du überhaupt gelebt hast.

Mitgefühl ist die höchste Blüte. Und wenn das Mitgefühl bei einem Menschen einkehrt, werden Millionen davon geheilt. Jeder, der ihm nahe kommt, wird geheilt.

Mitgefühl ist therapeutisch.

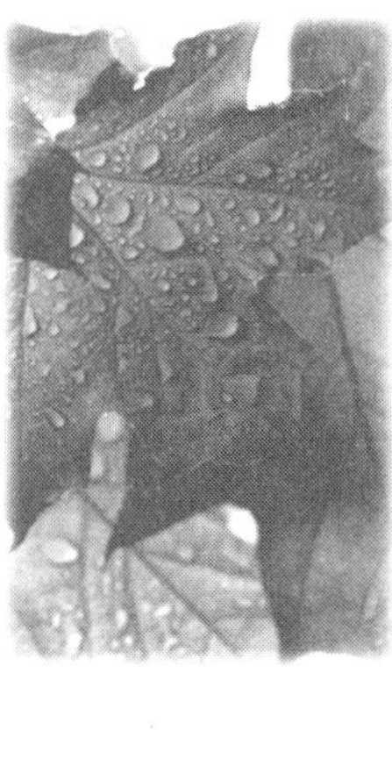

Man kann in irgendein Haus gehen und sieht sofort, ob darin eine Frau lebt oder nicht. Sie hat einen Sinn für Ästhetik, eine gewisse Klarheit, was das Schöne angeht.

Der Mann ist grobschlächtiger, er hat kein solches Schönheitsempfinden. Er kann jahrelang in einem Haus leben, ohne sich darum zu kümmern, wie es darin aussieht, und wird völlig glücklich sein.

Das kommt daher, weil ihm diese Sensibilität fehlt.

Die Frau kann enorm viel dazu beitragen, dass die menschliche Gesellschaft sanfter und schöner wird.

Da gibt es Dichter, Mystiker, Leute mit einem Sinn für Ästhetik. Sie sehen die Wahrheit im Schönen – Jalaluddin Rumi oder Rabindranath Tagore und andere, die denken, dass Schönheit das Wahre ist. Sie erschaffen große Kunst, bringen neue Quellen von Schönheit in die Welt. Die Maler, die Dichter, die Tänzer, die Musiker – sie nähern sich der Wahrheit von einer ganz anderen Dimension als der Macht.

Der Dichter ist nicht wie der Wissenschaftler. Der Wissenschaftler arbeitet mit Analyse, Vernunft, Beobachtung. Der Dichter operiert aus dem Herzen – irrational, mit Vertrauen und Liebe. Er hat nichts mit Vernunft und Logik am Hut.

Wer nur Schönheit kennt und sich der Hässlichkeit nicht bewusst ist, dessen Sinn für Schönheit kann nicht sehr tief sein. Wie könnte er auch? Es steht immer im gleichen Verhältnis: Je mehr Schönheit du fühlen kannst, umso mehr wirst du auch die Hässlichkeit fühlen.

Das sind nicht zwei verschiedene Dinge, sondern nur die Ausübung eines Sinnes in zwei Richtungen, aber es ist der gleiche Sinn. Du kannst nicht sagen: »Ich kenne nur Schönheit.« Wie könntest du das sagen?

Mit dem Empfinden für Schönheit kommt auch das Empfinden für Hässlichkeit. Die Welt wird schöner und gleichzeitig hässlicher – es ist ein Paradox.

Wenn du anfängst, die Schönheit des Sonnenuntergangs zu empfinden, dann fängst du auch an, die Hässlichkeit der Armut um dich herum zu empfinden. Wenn jemand sagt: »Ich empfinde die Schönheit des Sonnenuntergangs, aber nicht die Hässlichkeit der Armut und der Slums«, dann macht er entweder sich selbst oder anderen nur etwas vor. Es ist unmöglich. In dem Maße, in dem der Sonnenuntergang schön wird, werden auch die Slums hässlich. Und wenn du die Slums im Sonnenuntergang siehst, bist du gleichzeitig im Himmel und in der Hölle. So ist es mit allem, und es kann gar nicht anders sein. Das eine bedingt das andere.

Wenn dir die Schönheit nicht auffällt, wird dir auch die Hässlichkeit nicht auffallen. Wenn du das Schöne bemerkst, bemerkst du auch das Hässliche. Du wirst es genießen und selig sein über das Schöne, aber du wirst auch leiden. Das gehört zum Wachstum.

Wachstum beinhaltet immer die Erkenntnis der Extreme, aus denen das Leben besteht. Wenn der Mensch sich einer Sache bewusst wird, wird ihm gleichzeitig bewusst, wie viele andere Dinge ihm nicht bewusst sind, und dass er deswegen leidet.

Ethik ist bedeutungslos. Bedeutung hat allein das ästhetische Empfinden – ein Sinn für das Schöne.

Er wird aber erst möglich, wenn du Liebe in dich aufnehmen kannst. Den Sinn für Schönheit allein kannst du nicht aufnehmen. Deinen Schatten allein kann ich nicht aufnehmen – er kommt immer mit dir zusammen. Wenn ich deinen Schatten einladen möchte, muss ich auch dich einladen.

Wenn du mein Gast bist, ist auch dein Schatten mein Gast.

Der Intellekt ist schlau, er ist berechnend. Der Intellekt versucht immer, andere auszubeuten.

Intuition ist genau das Gegenteil; sie ist nicht ausbeutend.

Nun will ich dir eines sagen: Die Leute meinen, die Welt würde irgendwann an den Punkt kommen, wo es keine Klassen, keine ökonomischen Hierarchien mehr gibt, weder Arm noch Reich. Und jene, die diesem Traum, dieser Utopie viele Gedanken gewidmet haben – Marx, Engels, Lenin, Mao – sie alle sind Intellektuelle, doch der Intellekt kann diesen Zustand niemals herbeiführen.

Nur in einer intuitiven Welt können die Klassen verschwinden. Doch diese Leute sind gegen die Intuition. Die Marxisten halten den Intellekt für das A und O – nichts geht darüber hinaus. Wenn das der Fall ist, dann wird ihre Utopie sich nie erfüllen – denn der Intellekt an sich ist ein Ausbeuter, sehr gerissen. Der Intellekt ist gewalttätig, aggressiv, destruktiv.

Die Energie des Sonnenelements ist sehr gewaltsam und heiß. Sie verbrennt, sie tötet.

Wenn es jemals eine wirklich klassenlose Welt geben soll, eine wahrhaft »kommunistische« Welt – in der es Kommunen gibt, aber keine Klassen –, dann müsste diese Welt total antimarxistisch sein. Sie müsste intuitiv sein. Und die Erbauer einer solchen Welt könnten keine Politiker sein, sondern nur Dichter, fantasiebegabte Menschen, Träumer.

Was ich damit sagen will, ist, dass nicht der Mann der Schöpfer dieser Welt sein kann – nur die Frau. Der Mond ist imstande, eine Welt der Gleichheit zu erschaffen, aber nicht die Sonne.

Der Mann kann die Frau nicht verstehen, die Frau kann den Mann nicht verstehen. Es ist wie mit Sonne und Mond: Sobald die Sonne da ist, verschwindet der Mond. Und wenn die Sonne untergeht, taucht der Mond auf. Sie treffen sich nie. Sie begegnen sich nie von Angesicht zu Angesicht.

Wenn die Intuition in Funktion tritt, verschwindet der Intellekt, die Vernunft. Frauen sind intuitiver. Sie können keine Gründe angeben, doch sie haben Ahnungen, und ihre Ahnungen treffen fast immer zu.

Die Intuition springt zu Schlussfolgerungen. Darum sind eher die Frauen telepathisch veranlagt. Frauen sind mehr visionär, und viele intuitive Dinge passieren ihnen. Alle großen Medien sind Frauen. Hypnose, Telepathie, Hellsichtigkeit, Hellhörigkeit – das alles gehört zur Welt der Frauen.

Ich will nur eines aus der Geschichte der Vergangenheit erwähnen: Die Hexenkunst war eine weibliche Kunst. Die ganze Welt der Hexen war intuitiv. Die Priester waren dagegen, denn ihre ganze Welt war intellektuell. Man darf nicht vergessen, dass alle Hexen, fast alle Hexen, Frauen waren und alle Priester, fast alle Priester, Männer. So versuchten die Priester als Erstes, alle Hexen zu verbrennen. In Europa wurden im Mittelalter Tausende von Frauen verbrannt, nur weil die Priester die Welt der Intuition nicht verstehen konnten. Sie konnten nicht daran glauben – es erschien ihnen zu gefährlich, allzu sonderbar. Sie wollten es vollständig auslöschen.

Und sie haben es vollständig ausgelöscht. Sie haben versucht, eines der schönsten Instrumente von Empfänglichkeit, von höherem Wissen, von höheren Seinsebenen und übergeordneten Möglichkeiten zu zerstören. Sie haben es völlig zerstört. Wo immer man eine mediale Frau fand, tötete man sie. Und es wurde eine solche Angst erzeugt, dass die Frauen ihre Fähigkeit verloren – allein wegen dieser Angst.

Die Psychoanalytiker sind gegen die Hexenkunst – und das sind alles Männer. Heute haben die Psychoanalytiker die Rolle der Priester übernommen – alles Männer. Die Freudianer, Adlerianer – alles Männer. Sie haben etwas gegen das Weibliche. Und wisst ihr was? Alle ihre Patienten sind mehr oder weniger Frauen. Das ist doch etwas! Und als es noch Hexen gab, waren deren Patienten alle mehr oder weniger Männer. Ich finde das überraschend, aber es sieht so aus, als müsste es so sein. Als es noch Hexen gab, waren deren Patienten alles Männer. Der Intellekt suchte die Hilfe der Intuition, der Mann suchte die Hilfe des Weiblichen.

Jetzt ist die Umkehr passiert. Die Psychoanalytiker sind alles Männer, und ihre Patienten sind alles Frauen. Die Intuition ist jetzt so verkrüppelt und abgetötet, dass sie die Hilfe des Intellekts suchen muss. Das Höhere sucht Hilfe beim Niedrigeren. Das ist eine sehr bedauernswerte Situation. Es sollte nicht so sein.

Die ganze Geschichte der Wissenschaft beweist das in vielfacher Hinsicht: Als die Intuition die Hauptmethode war, gab es die Alchemie. Als der Intellekt an die Macht kam, verschwand die Alchemie; die Chemie wurde geboren. Die Alchemie war intuitiv, die Chemie ist intellektuell. Die Alchemie entspricht dem Mond, die Chemie der Sonne.

Als die Mondenergie noch vorherrschte, war die Intuition vorherrschend. Damals gab es die Astrolgie, heute gibt es die Astronomie, und die Astrologie ist fast verschwunden. Die Astrologie entspricht dem Mond, die Astronomie der Sonne. Die Welt ist heute sehr arm geworden.

Instinkt, das ist die Tierwelt; dort ist alles instinktiv. Selbst wenn es manchmal so aussieht, als wäre etwas anderes im Spiel, ist das bloß eine Projektion. Zum Beispiel kann man bei den Tieren Liebe sehen – die Mutter kümmert sich liebevoll und fürsorglich um ihre Jungen –, und man könnte meinen, es wäre nicht der Instinkt, sondern etwas Höheres als bloß die Biologie.

Es ist aber nichts Höheres, es ist reine Biologie. Die Mutter handelt mechanisch im Dienste der Natur. Sie ist hilflos, sie kann nicht anders. Bei vielen Tieren hat der Vater gar keinen Vaterinstinkt; im Gegenteil, viele Vatertiere töten ihre eigenen Jungen und fressen sie auf. Zum Beispiel bei den Krokodilen, wo das Leben der Jungen in höchster Gefahr schwebt. Die Mutter beschützt ihre Jungen und kämpft für ihr Leben, doch der Vater will eben ein gutes Frühstück. Der Vater hat keinen eigenen Instinkt. Tatsächlich ist der Vater eine menschliche Institution.

Wenn man das beobachtet, hat man das Gefühl, dass der Vater grausam und ohne Mitgefühl, ohne Liebe ist und die Mutter wirklich mütterlich. Man projiziert damit aber nur seine eigenen Vorstellungen auf die Tiere. Die Mutter ist beschützend, aber nicht aus einem Grund, der ihr bewusst wäre. Es liegt an den Hormonen, dass sie ihre Kinder beschützt, und dem Vater fehlen diese Hormone. Würde man ihm die gleichen Hormone injizieren, dann würde er aufhören, seine Jungen zu töten. Es ist also eine Frage der Chemie und nicht der Psychologie – nichts, was über die Biochemie hinausginge.

Neunzig Prozent des menschlichen Lebens gehören immer noch dem Tierreich an. Wir leben nach unseren Instinkten.

Intuition ist die höchste Sprosse der Leiter – der Leiter des Bewusstseins. Man kann diese in drei Bereiche teilen: Der erste und niedrigste ist der Instinkt, der zweite und mittlere ist der Intellekt und der dritte und höchste ist die Intuition.

In allen dreien kommt die Silbe »In-« vor. Das ist bedeutsam. Es bedeutet, dass diese Qualitäten im Inneren vorgegeben sind.

Man kann sie nicht lernen, man kann sie mit keiner Hilfe von außen entwickeln.

Der Intellekt ist ständig nach irgendetwas auf der Suche. Die Intuition ist einfach offen, sie sucht nicht nach etwas Bestimmtem, sondern schaut einfach nur – es ist eine Sichtweise. Das ist die Bedeutung des Wortes »Intuition«.

Intuition fragt nie nach dem Wie und Warum. Sie akzeptiert einfach. Sie ist ein tiefes Akzeptieren, totales Akzeptieren.

Die Intuition ist dem Instinkt insofern ähnlich, als dass du daran nichts ändern kannst. Sie gehört zu deinem Bewusstsein, so wie der Instinkt zum Körper gehört.

Du kannst am Instinkt nichts ändern, und du kannst an der Intuition nichts ändern. Aber so wie du es zulassen kannst, dass deine Instinkte befriedigt werden, genauso kannst du es auch zulassen und dir totale Freiheit geben, dass deine Intuition befriedigt wird.

Du wirst dich wundern, welche Kräfte du in dir trägst!

Die Intuition kann dir Antworten auf die allerletzten Fragen liefern – nicht verbal, aber existenziell. Du musst nicht fragen: »Was ist Wahrheit?« Der Instinkt hört es nicht, er ist taub. Der Intellekt hört es, doch er kann darüber nur philosophieren; er ist blind, er kann nicht sehen. Die Intuition ist sehend, sie hat Augen. Sie sieht die Wahrheit. Darüber nachzudenken ist kein Thema.

Instinkt und Intuition sind beide von dir unabhängig. Der Instinkt liegt in der Macht der Natur, der unbewussten Natur, und die Intuition ist in der Hand des überbewussten Universums – dieses Bewusstseins, das unser ganzes Universum durchdringt, des ozeanischen Bewusstseins, in dem wir nur kleine Inseln sind. Oder besser: Eisberge, denn wir können uns darin auflösen und mit ihm verschmelzen.

In gewisser Weise ist also die Intuition das genaue Gegenteil vom Instinkt. Der Instinkt führt dich immer zum Anderen. Seine Befriedigung hängt immer von etwas ab, das außerhalb von dir ist.

Intuition führt dich ausschließlich zu dir selbst. Sie kennt keine Abhängigkeit, kein Bedürfnis nach dem Anderen. Daher rührt ihre Schönheit, ihre Freiheit und Unabhängigkeit.

Die Intuition ist ein erhabener Zustand, in dem nichts fehlt. Sie ist so erfüllt von sich selbst, dass für etwas anderes kein Platz ist.

Wenn jemand dich fragen würde, ob du meinen philosophischen Standort zusammenzufassen kannst, dann wäre das gar nicht so einfach, denn ich sehe den Menschen als multidimensionales Wesen. Du müsstest ihm zehn Nicht-Gebote nennen:

Das erste: Freiheit.
Das zweite: Einzigartigkeit des Individuums.
Das dritte: Liebe.
Das vierte: Meditation.
Das fünfte: Nicht-Ernsthaftigkeit.
Das sechste: Verspieltheit.
Das siebente: Kreativität.
Das achte: Empfindsamkeit.
Das neunte: Dankbarkeit.
Das zehnte: ein Sinn für das Mysterium.

Diese zehn Nicht-Gebote repräsentieren meine Grundeinstellung zur Wirklichkeit und zur Freiheit des Menschen von jeglicher Art von spiritueller Sklaverei.

WEITERE INFORMATIONEN

Über Osho und seine Arbeit sowie über den Besuch des *Meditation Resort* im indischen Pune (früher Poona) erhalten Sie Informationen unter der Internet-Adresse:

www.osho.com

Eine umfangreiche Webseite informiert Sie – auch in deutscher Sprache – über Osho und seine Meditationsmethoden, Bücher, Audio- und Videoaufzeichnungen.

Außerdem finden sie dort eine Liste der weltweiten Osho Informationszentren, können eine Online-Besichtigungstour durch den *Meditation Resort* in Pune machen und Kostproben aus Oshos Originalvorträgen hören.

Meditation Resort:
Osho Commune International
17 Koregaon Park
Pune 411 011 (MS), Indien
Tel.: 0091 (20) 6 13 66 55
Fax: 0091 (20) 6 13 99 55
E-Mail: visitor@osho.net

Osho International
570 Lexington Avenue
New York, N.Y. 10022, USA
Tel.: 001 (212) 5 88 98 88
Fax: 001 (212) 5 88 19 77
E-Mail: osho-int@osho.com

Informationen über Pune und
den *Meditation Resort:*
Osho Uta Institut
Venloer Str. 5-7
D-50672 Köln
Tel.: 0049 (221) 5 74 07 30
Fax: 0049 (221) 52 39 30
E-Mail: OSHOUta@aol.com

Osho hat die *Osho Commune International* als eine »Meditationsoase« geschaffen - einen Ort, wo man unmittelbare persönliche Erfahrungen mit einer neuen Lebensweise machen kann, die von Bewusstheit, Entspannung und Freude geprägt ist. Im indischen Pune (früher Poona), etwa 200 Kilometer südöstlich von Bombay, bietet der *Meditation Resort* das ganze Jahr hindurch eine Vielzahl von Programmen für die Tausende von Besuchern, die alljährlich aus mehr als hundert Ländern der ganzen Welt herbeiströmen.

Pune, ursprünglich Sommerresidenz für Maharadschas und wohlhabende britische Kolonialherren, ist heute eine aufstrebende, moderne Großstadt mit vielen Universitäten und High-Tech-Industrien. Die Osho-Kommune liegt auf einem etwa 13 Hektar großen Areal im baumbestandenen Vorort Koregaon Park. Es gibt für Gäste zwar noch keine Unterbringungsmöglichkeit innerhalb der Kommune, doch im näheren Umkreis steht eine Vielzahl von Hotels und Privatunterkünften für Aufenthalte von wenigen Tagen bis zu mehreren Monaten zur Verfügung.

Alle Programme des *Meditation Resort* beruhen auf Oshos Vision einer völlig neuen Qualität von

Menschsein – einem Menschen, der freudig und kreativ mitten im Leben steht und gleichzeitig die Fähigkeit besitzt, sich in Stille und Meditation zu entspannen.

Die angebotenen Programme – Einzelsitzungen, Meditationsgruppen, Seminare, Workshops u.a. – finden überwiegend in klimatisierten Räumen statt und umfassen ein breites Spektrum: von kreativen Künsten bis zu ganzheitlicher Gesundheit, von persönlichem Wachstum und Therapie bis zu esoterischen Wissenschaften, von Zen-Methoden für Sport, Wellness und Erholung bis zu Kursen über Beziehungsthemen und wichtigen Übergangsphasen im Leben von Mann und Frau.

Neben dem Einzel- und Gruppenangebot läuft ständig ein volles Tagesprogramm mit Oshos aktiven Meditationen, Audio- und Videovorführungen seiner Vorträge sowie Meditationstechniken der verschiedensten spirituellen Traditionen.

Mehrere Freiluftcafés und Restaurants innerhalb der Kommune bieten schmackhafte Gerichte der traditionellen indischen ebenso wie der internationalen Küche, die mit organisch angebautem Gemüse aus der eigenen Farm zubereitet werden. Außerdem verfügt die Kommune über ihre eigene, sichere Trinkwasserversorgung mit hygienegetestetem Filterwasser.